怎样打乒乓球

ZENYANG DA PINGPANGQIU

主　编：周建军
副主编：戴福祥　王　平
韩志忠　毕永昆

苏州大学出版社

图书在版编目(CIP)数据

怎样打乒乓球/周建军主编. —苏州：苏州大学出版社，1996.10(2012.10 重印)
ISBN 978-7-81037-258-9

Ⅰ.怎… Ⅱ.周… Ⅲ.乒乓球运动-基本知识 Ⅳ.G846

中国版本图书馆 CIP 数据核字(2006)第 116973 号

怎样打乒乓球
周建军　主编
责任编辑　史创新

苏州大学出版社出版发行
(地址：苏州市十梓街 1 号　邮编：215006)
丹阳市兴华印刷厂印装
(地址：丹阳市胡桥镇　邮编：212313)

开本 850 mm×1 168 mm　1/32　印张 7.75　字数 193 千
1996 年 10 月第 1 版　2012 年 10 月第 11 次印刷
ISBN 978-7-81037-258-9　定价：11.00 元

苏州大学版图书若有印装错误，本社负责调换
苏州大学出版社营销部　电话：0512-67258835
苏州大学出版社网址　http://www.sudapress.com

出版者的话

我国的全民健身活动，自 1995 年国家制定和颁布《全民健身计划纲要》以来，已成为由政府倡导、社会支持和全民参与的一项有目标、有任务、有措施的宏伟工程。这项工程的有效实施，首先需要大力宣传全民健身计划对提高中华民族素质和促进我国社会主义现代化建设的深远意义，提高全体国民的健身意识，转变“无病即健康”等旧观念，树立科学的健身、健康理念。其次，全民健身活动的实践需要知识的推广、方法的指导和理论的推介。因此，必须强化健身知识、健身方法和健身习惯等方面的教育，使全民健身活动得以健康、广泛、持久地开展。

为了宣传和促进全民健身，我社曾策划并组织出版了“全民健身活动知识丛书”，向读者提供系统实用的体育知识和健身方法，内容涵盖球类运动、武术、器械、健美操、健身跑、体育游戏等各个方面。丛书推出后获得了广大读者的好评，取得了良好的社会效益。

进入新世纪以来，随着经济社会的发展以及工作和生活节奏的加快，人们的健康意识在不断增强，健康观念在不断更新，健身运动日益丰富多彩。尤其是北京申奥成功和 2008 年奥运会在我国的举办，已经并将继续推动全民健身运动的健康发展，“全民健身与奥运同行”赋予全民健身活动以崭新的时代色彩。与此相适应，我们从已经出版的“全民健身活动知识丛书”中选取有广泛群众性和较高普及性的几大球类运动，组织作者作了全面增删修订，并增加了如高尔夫等新兴球类项目，力求融时代性、知识性和鉴赏性于一体，以期为推进新世纪的全民健身活动尽一份绵薄之力。

天下之要，人才而已。天生万物，惟人为贵。国家的兴旺发达，社会的文明进步，经济的发展繁荣，从根本上说都取决于全体国民素质的提高，而身体素质则是思想道德和科学文化等素质的物质载体。因此，全民健身活动不仅能使当代人受惠得益，而且将为培养下一代，为我们国家立身于世界先进民族之林打下坚实的基础。

苏州大学出版社

2006 年 10 月

目录 ·怎样打乒乓球·

第一章　乒乓球运动的起源与发展

第一节　乒乓球运动的起源与传播

从不同资料的综合来看,乒乓球运动的起源应该被追溯到19世纪末的英格兰。那时候,人们喜欢在室外打草地网球。一天,英国首都伦敦天气炎热湿闷,两位青年在看完一场网球比赛后,来到一家饭馆吃饭。饭后两人在闲聊时感到闷热难忍,于是就拿起雪茄烟盒的盖子当做扇子扇风,后来他们捡起酒瓶上的软木塞子,把烟盒盖子当做球拍,仿照英国当时最流行的网球运动打来打去,旁人见了觉得十分有趣,纷纷仿效。新闻记者发现后颇感兴趣,把它作为一种时髦的运动作了充分的报道。于是在很短的时间里,这种活动就成了英国资产阶级上流人士所喜爱的游戏并很快传播开来。1880年,英国一家体育器材用品公司刊登了此项活动器材的广告。英国称作"高西马"(Goossime),美国将此活动称之为"弗利姆-费拉姆"(Flim-Flam),这是有关乒乓球运动最早的英文记载。"乒乓球"第一次在正式的出版物上出现,是1884年在F. H. Ayres的目录中间,该目录提到了一次在一张球台上用橡胶球和方形球拍完成的小型室内比赛。

由于这种活动无统一的规则,有一定的运动量,又不受年龄、气候的影响,设备简单,易于开展,于是逐渐成为一种家庭游戏。1890年,英国工程师和著名的跑步运动员詹姆斯·吉布从美国带回作为玩具的赛璐珞球，并用它代替软木制成的空心球。于是，这项活动逐步在英国和世界各地推广起来，这也是世界乒乓球发展过程中的一个转折点。由于当时普遍采用羔皮纸拍，詹姆斯·吉布根据球拍击球时和球落台后发出的响声，给这项运动起了一个象声名字“乒乓”。1891年，英格兰人查尔斯·巴克斯特将“乒乓球”作为商业专利权申请许可证，登记号码是19070号。有报道说，早在1888年，日本人就用盛饭的木勺子打起乒乓球来。1903年，日本就已经有了正规的乒乓球运动设备，并且建立了乒乓球运动组织。

1902年，英国人库特发明了世界上第一块胶皮颗粒拍。同年，留学英国的日本东京高等师范学校教授坪井玄道将乒乓球整套用具带回日本。此后又传入中欧的维也纳、布达佩斯及北非的埃及等地。1921年，为加强与各国的联系和交往，英国成立了乒乓球协会，制定了协会章程和入会手续，并组织全英各地的乒乓球选手举行乒乓球比赛。1926年，由于发现“乒乓”两字是商业注册名称，而且原来成立的英国乒乓球协会也缺乏代表性，因此解散了原组织，重新成立了“桌上网球”（Table Tennis）协会，通称“乒协”。在日本，乒乓球被叫做“卓球”。

我国早在清朝初期，云南、四川交界地区的苗族兄弟中，曾流行过一种叫“臭柑子”的游戏。人们用晒干的柑果作球，手握长柄木质球拍，在门板或床板上打来打去。到了清末，珠江流域发展了这种游戏，用猪尿泡吹气为球，这种球分量轻、弹跳力强，用木拍打起来更加有趣。应该说，这种游戏已类似乒乓球运动了。但由于我国封建社会政治、经济、文化都很落后，又一贯采取闭关自守政策，与外国很少交流，所以尽管这种游戏产生得较早，却一直没有发展的机会和条件。相反，西方资本主义社会重视政治、经济和文化的交流，这就为乒乓球游戏的进一步发展，进而演变为一项运动提供了有利条件。

根据国际乒联第一任主席蒙塔古介绍，曾在中国的洞穴里发现了画有乒乓球的壁画。

第二节 世界乒乓球运动的发展与趋势

第一次世界大战后，欧洲许多国家先后成立了乒乓球协会，各国之间的竞赛活动逐渐增多。1926 年 1 月，在德国 G. 勒曼(Georg Lehmann)博士的倡议下，柏林网球俱乐部召开了一次座谈会，英国、德国、匈牙利、奥地利和瑞典等国的代表参加了会议，会议决定成立临时国际乒联，并委托英国乒协举办第一届欧洲乒乓球锦标赛。

第一届欧洲乒乓球锦标赛的组织者向各国发出请帖，接受邀请参赛的国家有德国、匈牙利、威尔士、英格兰、奥地利、瑞典、捷克斯洛伐克、印度和丹麦，共 9 个队，64 名男女运动员。因为印度属于亚洲国家，所以它提出更改原定欧洲锦标赛的名称，国际乒联当即决定将这次比赛改名为第一届世界乒乓球锦标赛。比赛于 1926 年 12 月 6 日至 12 日在伦敦福林敦大街的麦摩尔大厅举行，当时只有男子团体、男子单打、女子单打、男子双打、男女混双和男子安慰赛 6 个比赛项目。因为参加比赛的女运动员一共才 16 名，所以没有进行女子团体和女子双打的比赛。参加男子团体赛的有 7 个队，比赛采用单循环的方式进行。最后，匈牙利队获得冠军，奥地利队获得亚军。比赛使用的是"甲古"牌乒乓球和"特马"牌球台，网高 17 厘米，采用英国式的 21 分一局记分法。比赛没有编印秩序册，因而全体运动员必须待在场地，听候裁判员的临时安排。运动员使用的球拍大多为胶皮拍。男、女运动员的穿着五花八门，但无人穿运动鞋。比赛期间有几百人免费观看。

比赛期间，在蒙塔古母亲斯韦思林女士的图书馆里举行了第一次国际乒联全体代表大会。会议通过了国际乒联章程和乒乓球比赛规则草案，推选英国乒协的负责人蒙塔古为国际乒联第一任主席。根据第一届国际乒联会议的规定，每年举行一届世乒赛。但第二届世乒赛因举办国的经济困难，推至1928年1月才在瑞典举行。此届比赛增加了女子双打比赛项目。到1934年的第八届世乒赛时，才增加了女子团体赛。1940—1946年，爆发了第二次世界大战，比赛中断。1947年3月，在法国巴黎举行了战后的第一次世乒赛（即第14届）。在该届比赛中，又增加了女子安慰赛和元老杯赛。至此，世乒赛就有了10个比赛项目，男、女单打安慰赛和元老杯赛为非正式比赛项目，必须由举办国乒协申请，经国际乒联批准后方可举行。从1957年开始，世乒赛改为每两年举行一届。1999年3月，北约轰炸南斯拉夫，国际乒联不得已将原定在南斯拉夫举行的第45届世乒赛易地改期。同年8月，在荷兰埃因霍温举行了世乒赛的5个单项比赛；次年2月，在马来西亚吉隆坡举行了世乒赛的团体赛。经过实践，世乒赛一分为二，利多弊少，得到了大多数会员协会的认可。沙拉拉担任国际乒联主席后，国际乒联正式作出决定，从2003年开始，世界乒乓球锦标赛单项（奇数年）和团体（偶数年）将分开举行，限制世乒赛单项比赛参赛人数，每个协会参加世乒赛单打比赛的人数不得超过7人。

在乒乓球运动发展的最初阶段，由于普遍采用胶皮颗粒拍，增大了击球拍面的摩擦力，不仅击球的作用力线可以比过去离球心更远，使球产生较强的旋转，而且也提高了击球速度。由于胶皮拍的使用，乒乓球技术从木板时代的单调打法，进入了产生旋转和讲究技术的时代。从1926年到1951的这25年中，欧洲传统的横拍削球打法一直占据着统治地位。在此期间共举行了18届世乒赛，除了第13届在埃及开罗举行外，其他均在欧洲国家举行。18届比赛共产生117个冠军（本该是118个，但第11届女单决赛未能决定冠军），欧洲运动员共得了109个；男团冠军共18个，欧洲获得了 17 个;女团冠军共 11 个,欧洲占了 9 个。由此可见,这一阶段是欧洲乒乓球的全盛时期。匈牙利选手成绩尤为突出,他们共获得了 57 次冠军,匈牙利著名男选手 G. V. 巴纳擅长稳健的削球,并具有独特的反手攻球技术,共获得 22 枚金牌(曾 5 次获男单冠军),迄今为止,他仍是历史上获得金牌最多的乒乓球运动员。随着规则和运动器材的逐步完善,第 11 届世乒赛以后,球台加宽至 152.5 厘米,网高也降为 15.25 厘米,比赛改用硬球。对比赛时间也作了限制,一场三局两胜的单打不超过 60 分钟;五局三胜的单打不超过 150 分钟,并禁止"那卡式"发球(即发球前用手指旋转球)。这些改革均为攻球创造了有利条件,不仅使削攻打法开始发展起来,而且还出现了一些以攻球为主的选手。

1928 年日本乒协加入国际乒联。日本队曾于 1938 年和 1940 年分别与匈牙利、美国、奥地利选手进行过比赛,并且均获胜利。1952 年,日本队第一次参加第 19 届世乒赛,参赛运动员虽然只有 3 男 2 女,却获得了女团、男单、男双、女双 4 项冠军,给世界乒坛以极大震动。接着日本又分别蝉联第 21—25 届男团冠军,第 19 届、第 21—23 届 4 次男单冠军,蝉联第 23—25 届女单冠军。在 1954 年的第 21 届世乒赛上,日本运动员双登男女团体冠军宝座。在第 25 届世乒赛上,日本队达到了颠峰时期,一举夺走 6 项冠军。日本队别具一格的技战术冲破了欧洲的防线,世界乒乓球技术的优势开始由欧洲的削球转到了亚洲的攻球。亚洲的进攻型打法与欧洲的防守型打法成为当时世界乒坛的两大派系。日本选手成功的主要原因之一是发明了海绵球拍。早在第 18 届世乒赛上,一名奥地利学法律的大学生就使用过海绵拍,但并未引起人们的关注。而日本选手将此拍稍加改变,把海绵变软,并与传统进攻打法结合起来,取得了划时代的成功,将乒乓球技术推进到积极进攻的时代。佐藤使用海绵球拍,在团体赛中获得全胜并获得男单冠军。海绵球拍的击球速度和旋转较之胶皮拍又发生了一次飞跃性的变化,这使当时仍使用胶皮拍的欧洲选手感到很不适应。后来日本选手又把纯海绵拍改进为正胶粒和反胶粒海绵拍,这两种球拍在控制球和加强球的旋转性方面效果更好。海绵拍的出现曾引起很多人的反对,甚至要求予以取缔,否则他们就要退出国际乒联。直到1959年,国际乒联才通过一项关于球拍规则的决定:球拍海绵上必须覆盖正胶粒胶皮或反胶粒胶皮,海绵和胶皮的总厚度不得超过4毫米,其中胶皮的厚度不得超过2毫米。球拍的革新提高了击球的速度和球的旋转,对乒乓球技术的发展确实起到了重要的促进作用。日本选手成功的原因之二是他们的正手长抽进攻技术和旋转强烈且速度很快的反手发球,加上灵活的步法,形成了积极进攻的战略战术,使欧洲当时宁守勿攻的打法难于对付。日本选手成功的原因之三是运动员勤奋努力,意志顽强,比赛无论顺利还是落后均全力以赴,顽强拼搏,其气势往往令对手生畏。

随着亚洲乒乓球技术的不断提高,中国运动员也紧跟着乒乓球运动发展的脚步前进。1958年,中国选手容国团树雄心立壮志,第一个提出要夺取世界冠军的口号。1959年他用自己的行动实现了诺言,在多特蒙德举行的第25届世乒赛上获得男子单打冠军,为中国赢得了第一个世界冠军。从此,中国通向世界乒坛顶峰的大门敞开了。中国乒乓球运动员通过向国外学习,结合自己的特点,形成了"勇猛顽强,积极主动"的思想风格和"快、狠、准、变"的技术风格以及独特的近台快攻打法。这种打法的特点是:站位近台,在来球的上升期击球,击球动作幅度小,步法移动灵活。这样,缩短了打球距离,回球速度快,发球充分利用手腕灵活的优势,变化多,发球后主动强攻;在推挡中压对方弱点,伺机突击;搓球中产生旋转变化,低球起板,牢牢掌握了进攻的主动权。同时,我国运动员也加强了其他类型打法的训练,如横拍和直拍削球反攻打法,这样不仅使近台快攻更适应欧洲的削球打法,而且又不断发展和完善了自己的技术。

1960 年，日本大学生中西义治首次运用弧圈球，使得他在本国的乒乓球比赛中战绩辉煌。同年下半年，日本队迎战匈、南联队，欧洲运动员对弧圈球一筹莫展。事实证明，日本弧圈球的出现是乒乓球技术发展史上的又一次革命。1961 年，第 26 届世乒赛在中国举行，中国队及时获得了日本队发明并运用弧圈球的信息，了解到弧圈的特殊旋转性能等，适时调整战术，由少数运动员以弧圈球作为主力队员的陪练，使主力队员增强了适应性，树立了战胜日本队的信心，从而使中国队在本届世乒赛上战胜了日本男队，最终获得男团和男单冠军。同时，在本届世乒赛上，丘钟惠成为中国第一个世界女单冠军。在第 28 届世乒赛上，中国队一举夺得 5 项冠军，创造了自参加世乒赛以来的最佳成绩。中国男队除蝉联三次男团、男单冠军外又获得男双冠军；女队第一次获女团冠军和女双冠军。中国队成功的主要原因是，除了以“近台快攻”为主体的打法外，其他打法也更加成熟，尤其是削球反攻的打法，使日本队望而生畏。中国女队的林惠卿和郑敏之用横拍削球打法以 3∶0 轻取日本队，为中国女队打翻身仗立下赫赫战功。削球手能在攻击型打法的重重包围中夺得世界冠军，不能不说是一个奇迹。这个奇迹的创造，除了运动员的作风、意志、毅力等方面的因素外，也有赖于中国削球手运用了当时被称为秘密武器的长胶颗粒拍。由于国内“文化大革命”的干扰，中国队没有参加第 29、30 两届世乒赛。60 年代后期，日本选手的弧圈球让欧洲的防守打法和不成熟的进攻技术无法招架，又恢复了日本队在国际乒坛的优势地位。然而，欧洲选手不甘于自己成绩的衰退，在 60 年代初吸取了失败的教训，开始转守为攻，学习中国和日本打法的长处，结合他们身材高大、横握球拍的特点，创造了快攻结合弧圈和弧圈结合快攻的打法，经过不断的磨练，技术渐臻成熟。在 70 年代初的第 31 届世乒赛上，瑞典选手本格森以快攻结合弧圈球的打法，取得男子单打冠军；以拉弧圈球为主的匈牙利选手克兰帕尔和约尼尔取得了男双冠军,从而使欧洲选手又有了与亚洲选手抗衡的信心。连续两届没有参加世乒赛的中国队,在周恩来总理“我们应该去”的指示鼓舞下,以“友谊第一,比赛第二”的方针为指导思想,参加了第31届世乒赛。面对日本和欧洲选手有力的挑战,中国队运用了直拍近台快攻打法,并进一步加快速度,使技术水平在短时间内有了明显提高,取得了男团、女单、女双和混双4项冠军。值得一提的是,在这届世乒赛上,中国队的“乒乓外交”为中美关系正常化带来了契机,“小球转动了地球”,给世界以巨大震撼。

第31届世乒赛以后,中国乒乓球队在坚持发展快攻打法的同时,贯彻百花齐放的方针。徐寅生同志提出了“用反胶打快攻”的新思维、新打法。第32届世乒赛上,郗恩庭用反胶快攻结合弧圈球的打法,正手打低球时“拉”、“冲”,逢高球时“扣杀”配合反手快速有力的推挡和减力挡,以及多变的发球,夺得男单冠军。但是体现整体实力的男子团体冠军却被瑞典队拿走了,他们的战术体现了快攻结合弧圈球打法的特点,即站位近台,以速度为主,旋转为辅,把速度和旋转很好地结合起来,能快则快,不能快则以一定速度的弧圈球争取主动。这样正手能冲能攻,反手能快拨和发动进攻,加上发球花样多,旋转又极具变化,为积极主动的抢冲抢攻创造了条件。并且,他们也逐渐掌握了中国队正手高、低抛发球的技术。此时,欧洲运动员的整体水平开始上升。

在第33、34届世乒赛上,中国队两次取得男女团体冠军,这主要取决于中国运动员打法多样,水平相当,可以灵活地、有针对性地选择出场运动员,这在当时是其他任何国家都做不到的。在技术上,快攻打法又有了新的发展,发明了高、低抛结合的各种发球技术,创新并能运用中等力量的“快点”等技术,特别是削、攻结合的打法有了新的发展,除利用两面性能不同的拍面“倒拍”发球和削球外,还配以推、搓、拉弧圈等技术,威力不断加强,使对手难以适应。第33届世乒赛上,匈牙利队以拉弧圈为主结合快攻的打法，使瑞典队失去了昔日的优势，匈牙利队夺得了男单和男双两项冠军。他们以旋转为主，速度为辅，把旋转和速度结合起来，站位于中近台或中远台，正反手都能拉出旋转极强的弧圈球。第34届世乒赛，日本队夺走了男团亚军；河野满以近台快攻和善打弧圈球见长，夺得了男单冠军。

第35届世乒赛上，在团体预赛和决赛中，匈牙利队两次战胜中国队，夺回了丢失27年之久的斯韦思林杯。他们正反手均能拉出既快又转的弧圈球，特别是能熟练地运用反手近台快拉的技术，以中台拉为主，连续拉的能力和命中率大大提高，而且也开始运用各种不同性能的球拍。而中国队原来的技法已被欧洲选手摸到规律，失去了自己的优势，致使男子项目全军覆没。日本新手小野诚治则靠高质量的反手侧上旋发球积极抢攻，并娴熟地运用弧圈球，拉、扣结合，先后打败中国4名好手，登上男单冠军的领奖台。在本届世乒赛上，中国女队囊括了女子项目的4个冠军。葛新爱直握球拍，两面性能不同，以能攻善守见长，运用正反手攻、推、搓、拱、削、撇等技术，夺得了女单和混双的冠军，被誉为"乒坛奇葩"。在此期间，亚、非、拉广大地区的乒乓球运动蓬勃发展，这无疑对世界乒乓球运动技术的不断提高和发展起了巨大的推动作用。左手直握球拍的朝鲜女运动员朴英顺，以快攻结合弧圈，拉球稳健，拉、扣结合，加上干脆利落的侧身扣杀，连续获得第33、34届女单冠军。韩国女队由于采取了男帮女的训练方法，进步很快，实力增强，也曾获得第32届女团冠军。世界乒乓球运动进入了群雄争霸的割据局面，不断推动着乒乓球运动的蓬勃发展。

中国男队在认真总结了第35届世乒赛失利原因之后，卧薪尝胆，加强训练，尤其是在对付弧圈球的能力上有所突破。在两年后举行的第36届世乒赛上，中国队获得了大面积丰收，取得了全部7项冠军，5项亚军和3项季军，创造了世乒赛历史上一国夺魁最多的新记录。中国队又相继在第37、38、39届世乒赛上分获6项冠军(除两届的男双冠军和一届的女双冠军外)。在第36—39届这一阶段内,欧亚两洲呈现势均力敌的局面。在男子项目上,欧洲运动员的打法显示出旺盛的生命力,但由于在技术上还不够全面,没有出现根本性的突破。女子项目则亚洲明显强于欧洲,女子冠军都为中国姑娘夺得。1988年第24届奥运会正式增设了乒乓球比赛项目,这无疑是对世界乒乓球运动发展的一个有力推动。

20世纪80年代末期和90年代初期,欧洲运动员的水平有了很大提高,技术更加全面,形成了名副其实的全方位进攻型打法,而且群体实力大大增强,给中国队夺冠增添了重重障碍。在第40届世乒赛上,欧洲选手囊括了全部男子项目的冠军。第41届世乒赛,男团前5名,男单冠亚军和男双冠军全部为欧洲选手夺得。第42届世乒赛,瑞典男队第三次蝉联世乒赛男团冠军,男单前4名均为欧洲选手。在男单决赛中,乒乓球技术呈现了一种“技术全面、近台、快速、凶狠、速战速决”的新趋势,法国选手盖亭获得冠军。世界乒坛格局发生了激烈变化,欧洲男子终于重新获得了领先地位。欧洲选手的再度崛起,最重要的原因有两点:一是打法先进,符合世界乒乓球技术“力争积极主动,特长突出,技术全面,战术变化多样”的发展方向,前三板球甚至前五板球的进攻意识和能力大大提高,在相持和被动中都具有较好的转守为攻的能力。欧洲的几位冠军得主都有各自的得分手段,个人特点十分突出,在技术上几乎没有明显漏洞,尤其是攻防转换特别快。二是欧洲选手的训练与比赛紧密联系,以赛代练,提高了心理素质,因而比赛的适应能力很强,尤其在关键场次的关键时刻,表现尤为突出。在女子项目中,亚洲仍然处于领先地位,朝鲜联队获第41届女团冠军。第42届世乒赛,女子项目的冠军被亚洲选手包揽。

第43届世乒赛在我国天津举行。由于在本土作战,中国队占尽天时、地利、人和的优势,男女队再一次囊括了全部7个项目的冠军,再现了20世纪80年代的辉煌。我国成为名副其实的“乒乓王国”,乒乓球成为中国的“国球”也是十分自然的了。第26届亚特兰大奥运会和第27届悉尼奥运会上,中国男女队两次囊括了全部4枚金牌,使得中国在世界乒坛的地位更加显赫。悉尼奥运会后国际乒联对一些规则作出修改:从2000年10月1日开始将38毫米的比赛用球改为40毫米的大球;2001年9月1日起把沿用了近百年的每局比赛21分制改为每局11分制;2002年9月1日开始执行无遮挡发球。这些规则的修改在一定程度上对中国乒乓球队的优势产生了影响,但是中国队在努力探索新规则和制胜特点的基础上,坚持以技术创新为主导,适时调整训练对策,精益求精,保证技战术水平不断提高。2004年雅典奥运会上,中国队获3项冠军。从1997年的第44届世乒赛到2006年的第48届世乒赛团体比赛结束,除了第44、47届的男子单打和第45届的男子团体冠军旁落外,其他所有冠军均被中国队获得,世界乒坛呈现出以中国队为首的新格局。2005年10月27日,国际奥委会执委会决定:2008年北京奥运会乒乓球比赛项目中,由男女团体取代男女双打。双打一向是中国乒乓球队最擅长的项目,而团体比赛的偶然性就要大许多,这为中国乒乓球队继续保持辉煌增加了一定的难度。

综观国际乒坛群雄逐鹿的现状,世界乒乓球运动发展的总趋势是“积极主动,特长突出,技术全面,没有明显漏洞”以及“前三板上手快,相持攻防转换快”。多类打法在追求特长突出的过程中,逐渐向凶狠和快速的方向发展。从第48届世乒赛来看,弧圈结合快攻已是当今的主流打法,而“快、准、狠、变、转”五大制胜因素已提高到一个新的层次。在新形势下,已呈现出“凶、拼、抢、搏”和“技术精炼、全面,没有盲区”的制胜特点。发球和接发球抢得凶,爆冲点增多,中国选手的相持能力丝毫不显弱势,而国外选手的前三板技术也更加细腻,拉扣、拉冲能力提高。“女子技术男性化”仍是女队追求的方向,亚洲女队在今后一段时间内仍将处于领先地位。中国女队整体实力仍居亚洲前列,但是韩国选手正在逐步成长。第48届世乒赛上,中国选手王楠就被韩国小将文玄晶淘汰。同时,欧洲女队与亚洲女队之间的差距也在逐步缩小。男队的竞争仍然十分激烈,亚洲其他国家和欧洲运动员对中国队的威胁客观存在,他们的技术日趋成熟,年轻选手不断涌现,中国队在今后的比赛中必将遇到极大的困难。

第三节　中国乒乓球运动的发展与成就

1904年,上海四马路一家文具店的老板王道平从日本购进10套乒乓球器材。为了推销这些器材,王道平亲自表演并介绍他在日本看到的打乒乓球的情况,从此,我国就有了乒乓球运动。最初,乒乓球运动只在少数大城市开展。1916年,中华基督教青年会上海分会童子部首先开设乒乓球房,有球台9张。一些学生开始参加乒乓球运动,随后这项活动逐渐在上海、广州、北京、天津等少数大城市开展。当时参加活动的人仅仅限于洋行中的一些成员、地位较高的职员、家庭较为富裕的人以及教会学校读书的学生。到了20世纪20年代,乒乓球才逐渐引起人们的重视,真正使这项原只限于家庭的游戏成为一个正式的运动项目。1918年,上海率先成立全市的乒乓球联合会和其他一些组织,不少球队纷纷建立,并于1923年首次举办了比赛。同年,全国乒乓球联合会在上海诞生。1924年,经乒乓球界热心人士几度努力,终于将乒乓球列为全运会的表演项目。同时,上海、天津等地也出现了一些称为"比赛会"的组织。1927年,中华队赴日本访问;同年8月,在上海举行的第八届远东运动会上,中国队参加了乒乓球表演赛。1935年中华全国乒乓球促进会成立,同年还举行了第一届全国乒乓球比赛,地点设在上海四川路横滨桥中央大会堂,有8个队参加,团体赛采用5人对抗的方法。令人遗憾的是,当年1月,时任国际乒联主席的蒙塔古先生曾致电中国,表示"积极欢迎中国加入为会员国",并邀请中国参加第九届世乒赛,但中国队终因经费问题而无法参赛。在1925年至1937年期间,中国乒乓球活动一直使用的是木板拍,只有挡球技术,击球速度很慢。在1937年至1949年期间,开始用胶皮拍,技术有所改进,比赛中经常采用快速的攻球和远台的削球,使乒乓球比赛更具激烈性和趣味性。但由于历史的原因,我国乒乓球运动在旧中国发展十分缓慢。

中华人民共和国的成立,使中国的乒乓球运动获得了生机。1952年10月,北京举行了解放后的第一次全国乒乓球比赛,六大行政区和铁路体协的62名男女运动员参加了比赛。当时的国际乒联主席蒙塔古应邀来京访问,并对全体运动员发表了热情友好的讲话,他预言中国队会以世界强队的姿态出现在世界乒坛。同年,中华全国体育总会乒乓球部加入国际乒联,随后成立了国家乒乓球队。1953年,中国首次参加第20届世乒赛,男、女队均获分组第四名。年轻的中国选手刚进入世界乒坛时,技术水平较高的欧洲选手看不起我国的直拍快攻打法,认为直拍不如横拍优越。事实上这是因为我们当时对付削球的能力差,又缺乏国际比赛的经验,所以未能充分发挥直拍快攻打法的优点。为了改变这一状况,我们也开始提倡并培养了一批横拍运动员,学习、研究欧洲的削球技术。1954年夏天,我国乒乓球队去匈牙利参加了第12届世界大学生运动会,获得男单第三名和第四名,女单第三名,男双第三名,总分列第二。这一成绩显示了我国选手的技术已有了较大提高,开始引起了国际乒坛的注意。1956年的第23届世乒赛上,男队获团体赛分组第二名,女队名列第六名。这届比赛显示了我国快攻打法既快又狠的优势,同时也暴露出我国选手在击球准确性方面的不足。当时的中国队认识到必须在原来快与狠的基础上,加强基本功的训练,提高击球的准确性。1957年第24届世乒赛上,中国男女队双双获得决赛权。我国选手王传耀在团体赛中打败了两次获得男单世界冠军的日本选手荻村伊智郎,女选手孙梅英打败了英国选手安·海顿,初步显示了我国左推右攻打法的威力。在这短短的几年里,中国乒乓球队不断总结正、反两方面的经验教训,坚持打出自己的风格、自己的特点,同时认真学习国外先进技术,取得了可喜的进步。

1958年,在分析了欧洲和日本队的技术状况之后,广东运动员容国团第一个制定了夺取世界冠军的计划,带领我国运动员向世界高峰冲击。中国乒协不失时机地组织了各省市优秀运动员的集训,进一步提高技术。在第25届世乒赛上,首次参加世乒赛的容国团在男子单打中连闯八关,为祖国夺得了第一个世界冠军。在男子单打前八名的运动员中,中国运动员占了4名;男女团体都获得了第三名;同时还获得了女单、女双、混双的第三名。回国后,毛主席等中央领导同志亲切接见了容国团和中国乒乓球队,并观看了运动员的表演,周总理对中国第一个世界冠军容国团作了高度的评价。

1961年在北京举行的第26届世乒赛,是我国第一次举办世界锦标赛,全国上下十分重视,集中了全国各地各种打法的108名优秀运动员,锻炼了一大批有广泛适应能力和独特风格的选手。为了对付日本队新问世的弧圈球,胡炳权、薛伟初、廖文挺等老队员主动要求模仿日本的弧圈球打法,帮助主力队员训练,使他们迅速掌握了击破"新式武器"的本领。这种集体主义精神,激励着主力队员向乒坛顶峰奋进。在第26届世乒赛上,中国队一举夺得男团、男单和女单3项冠军,4项亚军和8个第三名,这一巨大胜利极大地鼓舞了全国人民,全国范围内迅速掀起了"乒乓球热"。20世纪60年代初,中国的直拍近台快攻成为世界上最先进的打法,代表了世界乒乓球技术的新潮流。这种打法的指导思想是"以我为主,以攻为主,以快为主",技术风格特点是"快、准、狠、变"。

在第27届世乒赛上,中国队获得了3项冠军、2项亚军和7个第三名。参加男团决赛的中国队员,除了两名直拍快攻选手外,还有一名直拍削球手,比上一届显示了更大的优势,但所有女子项目的冠军,中国队无一沾边。为了帮助女队端正参赛思想,克服个人思想上的患得患失倾向,徐寅生同志运用辩证法总结了自己打球的体会,发表了"如何打乒乓球"的讲话。毛主席看到这篇讲话后,亲自作了重要批示。中国女队认真学习毛主席的批示和徐寅生的讲话,以辩证唯物主义思想为指导,较好地解决了训练和比赛中出现的问题。在第28届世乒赛上,4位巾帼英雄用两种不同的打法先后战胜了欧洲强队和日本队,首次捧回考比伦杯,打了一个漂亮的翻身仗。尤其是林惠卿、郑敏之一对横拍选手,以柔克刚,表现出横拍技术"守得稳、削得低、旋转变化大、两面能起板"的独特风格。中国队在第28届世乒赛上,共获5项冠军、4项亚军、7项第三名,创造了有史以来的最好成绩。这段时间是我国乒乓球运动的全盛时期,各种类型的打法争芳斗艳,中国乒坛上呈现出百花齐放的繁荣局面。国际舆论普遍认为中国是"世界头号乒乓球国家",许多外国朋友把乒乓球称为中国的"国球"。胜利推动了乒乓球运动的大普及,据不完全统计,当时全国有9000万人挥拍上阵,乒乓球运动在我国蓬勃发展。

正当乒乓球运动处于鼎盛时期,国内发生了"文化大革命"。在中国队与国际乒坛中断来往的4年时间里,欧洲运动员在打法、技术上突飞猛进,他们根据自己的习惯与特点,学习中国的快攻和日本的弧圈球技术,成功地创造了横拍弧圈结合快攻的打法,包括我国在内的各国选手受到了欧洲选手强有力的挑战。20世纪70年代初,我国乒乓球界面对欧洲选手的重新崛起,开展了一场学术性讨论。徐寅生同志力主在坚持"快、准、狠、变"的基础上,增加一个"转"字,学习、掌握弧圈球技术,丰富、发展中国的快攻打法,并提出了直拍用反胶打快攻的设想。在不长的时间里,郗恩庭、郭跃华、曹燕华等一批选手大胆尝试用直拍反胶打快攻,创造了直拍反胶快攻结合弧圈球的打法,形成了具有中国特色的弧圈球:站位近,动作小,击球点高,出手快,线路活,前冲力强,牢牢掌握了抢攻的主动权。同时,正胶打法增加了“小上旋”。70 年代共举办了 5 届世乒赛(第 31—35 届),中国队获得了 17 个冠军,占冠军总数的 48%。但是中国女队在第 31、32 届世乒赛上,团体冠军两次旁落。中国男队在第 32 届世乒赛上屈居团体亚军。在第 35 届世乒赛上,男子项目的冠军均与中国队无缘。中国乒坛的主帅从中看到了潜在的危机,尤其是中国男队的这次全面失利,引起了乒乓界的强烈震动。中国男队认真总结经验,提出了练意志、练技术、练身体三大任务,奋发图强,锐意创新。两年后组成了以新手为主的主力阵容,蔡振华运用两面不同性能的球拍主动进攻的技术和谢赛克攻打弧圈球的技术,都具有独特鲜明的风格。

进入 80 年代,中国队在第 36 届世乒赛上囊括 7 项冠军以及 5 个单项的全部亚军,创造了世乒赛史上前所未有的记录。在这以后的三次世乒赛中,中国队每届均获 6 项冠军。中国男女队 4 次蝉联团体冠军,充分显示了中国乒乓球队的实力。这一阶段取得较好成绩的主要原因是大胆启用新人,如在第 38 届团体赛中,中国队派出号称直板“正胶天王”的江嘉良、直拍正胶打法的陈龙灿和横拍削球打法的陈新华上场,以 5∶0 大胜瑞典队。在 1988 年的汉城奥运会上,中国选手获得男双冠军和女单的金、银、铜牌。但男子单打选手江嘉良、陈龙灿均败在欧洲队员拍下。中国队在取得连续胜利的背后隐藏着相当严重的危机,欧洲选手经过这一阶段比赛的锤炼,技术发展更加全面,打法日趋成熟。徐寅生曾多次疾呼“狼来了!”但令人遗憾的是,这一警告未能引起人们的重视。在第 40 届世乒赛上,女队战果辉煌,获得所有项目的冠军;男队则全军覆没,团体决赛以 0∶5 惨败于瑞典队,混双也失去决赛资格。总结男队失利的技术原因,主要是实力不如人,前三板失去优势，反手及相持球能力偏弱，而对方却左右开弓，能远能近，拉、打、冲、弹技术全面，使我们很难发挥速度上的优势。

进入90年代，中国队在第41届世乒赛上再遭败绩。由3名右手横拍反胶弧圈球打法选手组成的男队在争进前四名时先以2∶3败给捷克斯洛伐克，再以0∶3输给朝鲜联队，最后胜加拿大队，仅获团体第七名；女队以2∶3负于朝鲜联队，屈居亚军。中国队面临着严峻的形势：男队已陷入困境，女队受到强有力的挑战。但是，中国乒乓球代表团回国后仍受到了接见，中国乒协名誉主席、时任中共中央政治局常委的李瑞环同志发表了语重心长而又热情洋溢的讲话，全体教练员、运动员得到极大的鼓舞。

1992年，在成都的国际乒乓球公开赛上，直拍选手刘国梁首次使用直拍横打技术，一举击败众多欧亚名将。中国传统的直板快攻打法有了发展。在当年第25届奥运会的乒乓球比赛中，中国队夺得了3枚金牌，国际奥委会主席萨马兰奇亲临比赛馆观看比赛，并履行自己的许诺，亲自为女单、女双冠军得主邓亚萍颁奖。这不仅是邓亚萍个人的光荣，还表明了乒乓球在奥林匹克大家庭中的地位。中国队在第25届奥运会中取得好成绩的主要原因有三点：一是周密细致的战术研究；二是正确的战略举措，中国队把战略突破口正确地选在了双打上；三是队员临场斗志昂扬，顽强拼搏，有着充分的心理准备。

在第42届世乒赛上，中国队获4项冠军（女团、女双、男双、混双），但中国男队连续在3届世乒赛的团体和单打中失利（瑞典队却3次蝉联团体冠军）。在女单比赛中，只有高军一人进入半决赛，享有“双保险”之称的邓亚萍和乔红，分别败给了“海外兵团”的井浚泓和施捷，这是中国女队员14年来第一次未能进入单打决赛。1995年第43届世乒赛在我国天津举行，中国队第二次囊括全部7个项目的冠军，再创乒乓球运动史上的辉煌。次年在第26届奥运会上，中国运动员顶住了世界强手和“海外兵团”的巨大冲击,势不可挡,夺得4枚金牌,以辉煌的战绩载入奥运会史册。第44届世乒赛回到了乒乓球的发源地英国,中国队收获了6枚金牌,只有男单冠军被瑞典选手瓦尔德内尔夺得。在45届世乒赛单项比赛中,中国队拿到全部5枚金牌。刘国梁在男单决赛中苦战5局,力克队友马琳夺得男单冠军,至此,刘国梁已成为世界乒坛继瓦尔德内尔之后的第二位大满贯选手。

进入21世纪,第45届世乒赛团体比赛于2000年4月在吉隆坡举行,中国女队顺利夺冠,而男队主力刘国梁的表现却极为失常,在与瑞典队的决赛中,他先后败给了瓦尔德内尔和佩尔森,一人连丢两分,致使中国队最终失去斯韦思林杯。在此之前,刘国梁曾与瓦尔德内尔交手六次未有败绩。半年后人们才知道,那时刘国梁正因尿检问题而被国际乒联怀疑服用违禁药品,经过长达半年的检查,他终于证明了自己的清白。

2001年在日本大阪举行的第46届世乒赛是大球时代的第一届世乒赛,中国乒乓球队对大球的适应能力得到了全面的检验。由刘国梁、孔令辉、王励勤、马琳、刘国正组成的中国男队,从瑞典队手中夺回了斯韦思林杯。中国队与韩国队的半决赛打得异常激烈,孔令辉意外地接连负于金择洙和吴尚垠,刘国正在决胜盘上与韩国老将金择洙对阵,比赛中,刘国正一直处于下风而且首局告负,最后连扳七个赛点获胜,把中国队从悬崖边拉了回来。中国队员受到极大鼓舞,一鼓作气,第三次包揽7个项目的全部金牌。第47届世乒赛在法国巴黎举行,中国队获得6项冠军,但男单无人进入决赛。2004年的第28届雅典奥运会上,中国队再接再厉,获得3项冠军,但是男单冠军再一次旁落他人。第48届世乒赛单项比赛于2005年在上海举行,中国选手不负众望,获得了全部5个单项冠军;团体比赛于2006年在德国的不来梅举行,中国女队豪取7连冠,第16次高捧考比伦杯,中国男队以3:0轻取韩国队,第15次卫冕斯韦思林杯。第49届世乒赛,中国队独揽7个项目的冠军。第50届世乒赛单项比赛,中国队包揽了5个单项的金牌。

自1952年至今,中国乒乓球队已走过了五十多年的风雨历程,虽然在训练上也走过弯路,在成绩上也有过低谷,但乒乓球队努力把握制胜因素,大力倡导创新,经历了三次革命性的技术创新(60年代使用长胶、70年代运用直拍反胶打快攻和90年代运用直拍横打技术),最终走在世界乒坛的前列,保持了半个世纪的长盛不衰。在已举行的50届世乒赛中(第50届为单项比赛),共产生了344枚金牌,中国队获得114.5枚(中国的杨莹和朝鲜的朴英玉配对获第34届世乒赛女双冠军),占33%,雄居第一;从1988年到2008年6届奥运会中,共产生24枚金牌,中国队获得20枚,占83%,再居第一;从1980年到2009年,世界杯男子单打比赛共产生30个冠军,中国队获15个,占50%;从1996年到2009年,世界杯女子单打比赛共产生13个冠军,中国队获13个,占100%,绝对第一。世界乒乓球运动的百年历史中,37项创新中的21项来自中国,占57%,再居第一。中国三次承办世乒赛,六次包揽世乒赛金牌,三次包揽奥运会金牌,产生了5名大满贯选手(邓亚萍、王楠、张怡宁、刘国梁、孔令辉),这一切在竞技运动史上是罕见的。当今的世界乒坛群雄逐鹿,中国新一代的年轻小将们正朝气蓬勃、满怀信心地开创属于他们的时代。过去半个世纪的荣耀就像一面旗帜,飘扬在新人辈出的世界乒坛,指引着中国乒乓球队昂首前行。

中国成为世界乒坛的强国,广大乒乓球运动员和爱好者为之欢欣鼓舞,成千上万的青少年乃至儿童纷纷拿起球拍,一股能量极大的乒乓热在中国兴起,群众性的乒乓球运动也飞速发展起来,人们都喜欢把乒乓球作为工作之余的健身娱乐活动。据统计,目前我国经常打乒乓球的人口约一千万人,乒乓球作为中国的国球已经成为许多人日常生活中的一部分。中国乒协为了开拓乒乓球竞赛市场,扩大乒乓球的影响,与中央电视台合作搞了 CCTV 杯、爱立信中国乒乓球擂台赛、国际乒乓球擂台赛、17 岁以下国际青少年擂台赛等竞赛活动,6 年来在全国各地的中小城市举办了 100 多场比赛,通过电视屏幕传入千家万户。这些比赛既有高水平的竞技,又检阅青少年的水平,还有群众参与互动,把竞技性、观赏性、娱乐性、知识性融为一体,有力地推动了乒乓球运动的进一步普及和提高。

第四节 国际乒乓球联合会

国际乒乓球联合会(International Table Tennis Federation)简称"国际乒联",于 1926 年 12 月 12 日在英国伦敦成立,总部设在英国东苏塞克斯郡的里斯廷斯,2003 年迁至瑞士洛桑。目前共有 198 个国家和地区的乒乓球协会成为国际乒联的会员,是世界五大单项体育组织之一。

一、国际乒联的组织机构

国际乒联的领导机构:由一名主席、一名第一副主席、四名执行副主席、一名主管财务的司库和六个大洲的副主席组成执行局,执行局有权审定各国和各地区的乒乓球协会的入会申请,并向理事会报告。执委会由主席、第一副主席和四名执行副主席组成。

理事会由代表大会选举产生,任期两年。代表大会休会期间,由理事会和各委员会组织工作。日常工作由主席、第一副主席、司库和秘书长主持。

对规则进行修改只有在紧随代表大会召开的理事会或两次代表大会之间召开的年度理事会上方可进行。

各协会、各专门委员会（九个专门委员会是：分级分组委员会、设备委员会、医务委员会、新闻宣传委员会、规则委员会、议事通则委员会、技术委员会、运动员委员会、裁判长和裁判员委员会）、各大洲联合会、执委会和执行局均可向大会或理事会提交修订规则的议案，理事会亦可向代表大会提交修订规则的议案。

二、国际乒联的职责

国际乒联的职责是：维护现行的乒乓球规则；制定章程、纪律、规程、比赛规则，监督世界锦标赛、世界杯赛（团体、单打和双打）；协调各协会之间以及协会同其他团体的关系；推广世界范围内的乒乓球运动，提高其技术水平，发扬运动员以及各协会之间的友好互助精神，维护国际乒联的原则等。

三、国际乒联的主要活动

每隔两年委托一个成员协会主办一届世乒赛，并在举行该届世乒赛的同时，同地举行代表大会。

四、国际乒联历任主席

第一任主席：伊沃·蒙塔古，英国人。现代乒乓球运动的启蒙者和倡导者，任期 41 年之久，1967 年退休后荣任国际乒联名誉主席。

第二任主席：罗伊·埃文斯，威尔士人。1967 年当选，在这之前任国际乒联秘书，国际乒联终身名誉主席。

第三任主席：荻村伊智郎，日本人，1987 年当选，1994 年 12 月 4 日病逝。

第四任主席：第三任主席病逝后，由第一副主席瑞典的洛罗·哈马隆德以代主席的身份主持国际乒联的日常工作。1995年,洛罗·哈马隆德被推选为国际乒联主席,1995年10月14日晚因患胃癌逝世。

第五任主席:徐寅生,中国人。1995年12月5日至12月12日,国际乒联执行局会议在塞浦路斯举行,确定徐寅生为国际乒联主席,任期至1997年5月下届国际乒联代表大会召开时。

第六任主席:徐寅生,中国人。1997年5月连任。

第七届主席:阿达姆·沙拉拉,埃及人。1999年8月当选,前任国际乒联第一副主席。

第八届主席:阿达姆·沙拉拉,埃及人。2003年5月连任。

第九届主席:阿达姆·沙拉拉,埃及人。2009年连任。

在2005年第48届上海世乒赛期间召开的国际乒联代表大会上,沙拉拉连任国际乒联主席。北京奥组委执行副主席杨树安再次当选国际乒联执行副主席,蔡振华当选国际乒联理事。国际乒联执委会共设7名执委,其中主席一人,第一副主席一人,执行副主席四人,主管财务的司库一人。执委的任期由原先的两年改为四年。但选举结束后,巴西乒协主席认为选举过程中有不正当行为,他选择了用法律手段向国际体育仲裁法庭提请了诉讼。在听取了各方的取证后,国际体育仲裁法庭的独立大法官签发了判决书:鉴于2005年5月上海世乒赛期间举行的国际乒联选举中,出现了个别不够规范的行为,所以2006年4月27日不来梅世乒赛期间,原班参选人员将重新进行对国际乒联一个第一副主席和四个执行副主席位置的选举。由于不规范的因素导致选举的结果不具备法律效力,从而需要重新选举,这在国际乒联的历史上还是第一次。2009年4月30日,国际乒联按惯例在世界锦标赛期间召开了代表大会,选举出2009—2013年的国际乒联领导机构。国家体育总局副局长杨树安因得票最多,被沙拉拉主席任命为国际乒联第一副主席。

国际乒联的标记图案(图 1-1)由球拍、球网、球和球台四个形象表示。国际乒联的英文缩写“ITTF”组成球网;贯穿于球网的是一只球拍,以突出乒乓球运动;“F”上有一点,象征乒乓球的形状,并和字母合成一个运动员的躯体图案;球拍下面的一条平行线段,代表着球台。

图 1-1　国际乒联的标记图案

五、国际乒联的计算机排名

1991 年 10 月 1 日和 5 日,国际乒联首次公布了计算机编制的男女优秀选手世界排名。在此之前,国际乒联长期以来一直采用分级分组委员会(名次委员会的前称)委员个人建议,主席汇总,除去两端若干分数,以中间若干分数的平均值进行排名的方法,产生世界优秀选手的名次排名。1998 年 1 月起,国际乒联开始使用新的世界排名方法。计算机排名是采用莱思沃丁先生提供的计算机程序编制的,以 1990 年 8 月国际乒联公布的世界优秀选手排列名次作为基础,计算一名选手的每一场比赛分数,积分数高的名次列前,积分数低的名次列后,积分数相同的名次并列。因此,每场比赛后参赛选手的总分值若发生变化,该选手在世界排名表中的序号也发生变化。世界锦标赛冠军,无论积分多少,均列于排名表的首位,直到下届世乒赛开始。

根据对国际比赛的水平和重要性的评估,每项比赛实际的得分值或失分值也有所不同。在实际计算时,以得分值、失分值为基础(负方的失分为胜方得分的 1/2),再乘以该次比赛的评估值,即进行数学中的“加权”。例如,世乒赛单打比赛、奥运会单打比赛的评估值为 2.0,世乒赛预选赛的评估值为 1.5,世乒赛团体赛、世界冠军赛(世界明星循环赛除外)、洲和地区锦标赛的单打比赛、洲运动会单打比赛、重要的公开赛单打比赛、欧洲 12 强比赛和国际奥委会主席杯赛评估值为 1.0(即等于不评估),所有其他赛事评估值为 0.5。此外,根据奥运会、世乒赛、洲际比赛和巡回赛等赛事中的单打比赛的最后名次给予奖励分,除奥运会的奖励分为每年递减 25% 外,其他奖励分的有效期为 12 个月,12 个月后即被取消。任何选手,只要同已经列入排名表的选手进行过胜、负各两场比赛,即获得起始分并进入排名表,此后每期排名都将对起始分进行调整,当胜、负各 5 场后,运动员的起始分将不再调整。如果某运动员连续 12 个月以上没有比赛成绩,将被从排名表上除名。但是参加了世界锦标赛的运动员将被保留到下一届世乒赛前。运动员被除名后,如果再有比赛成绩,可再次进入排名表。如果运动员连续 6 个月没有比赛,将被标注上"#"。

国际乒联从 1997 年开始发展了双打排名体系,参加比赛的双打配对和运动员个人的双打积分将根据奥运会、世乒赛、巡回赛和总决赛的双打成绩定。运动员个人的双打积分数为双打配对的分数的 3/8。巡回赛和总决赛的双打分数在下一年度同一比赛结束后即被取消,如果该比赛下一年度没有举办,那么分数将在 12 个月后取消。世乒赛的得分在下一届世乒赛后即取消。奥运会的得分在 24 个月后减少 50%,下一届奥运会后取消。

第五节　中国乒乓球协会

中国乒乓球协会是具有独立法人资格的全国性群众体育组织,简称"中国乒协",成立于 1952 年。英文为"Chinese Table Tennis Association",缩写为"CTTA"。中国乒协的会徽如图 1-2。

中国乒乓球协会是代表我国乒乓球活动的最高社会团体,并且是代表中国参加相应的国际乒乓球活动及国际乒联活动的唯一合法组织，也是国家体育总局乒乓球羽毛球运动管理中心的常设办公机构。中国乒乓球协会总部设在北京市。

图 1-2　中国乒协会徽

中国乒乓球协会根据国家的体育方针、政策和有关法规以及国际乒联的有关规定，统一组织、协调全国乒乓球运动的发展，推动群众性普及活动和运动水平的提高，促进亚洲和世界乒乓球运动的进步。协会的活动范围是：

（1）宣传和普及乒乓球运动，组织广大群众和青少年积极参加乒乓球运动，以增强体质和提高运动技术水平。

（2）根据国家体育行政主管部门和国际体育组织有关规定，负责协调、组织举办国际性比赛，向有关部门提出国际活动及有关事项的建议，获批准后负责全面实施。促进国际交流，增进与各国和地区的乒乓球协会的友谊。

（3）负责协调、组织全国性的各类各级乒乓球竞赛和训练工作，加强协会、俱乐部之间的联系与交流，增进乒乓球运动员、工作者之间的团结和友谊。

（4）拟定有关乒乓球教练员、运动员管理制度和竞赛制度，报请国家体育行政主管部门批准后施行。

（5）负责协调、组织乒乓球教练员、裁判员、运动员的培训工作。制定乒乓球运动员、教练员、裁判员技术等级制度。负责运动员资格的审查和处理。

（6）根据国家体育行政管理部门和全国体育总局、中国奥委会的规定选拔和推荐国家队教练员、运动员，负责组织国家队集训和参加乒乓球比赛。

（7）负责教练员出国任教的选拔和运动员个人到境外训练、

比赛的归口管理工作。

(8) 负责协调和组织乒乓球运动的科学研究工作。

(9) 开展与项目发展有关的经营活动,为乒乓球事业的发展积累资金。

2009 年 2 月 26 日,全国乒乓球工作会议暨中国乒乓球协会换届大会在江苏太仓举行,27 日下午,中国乒协进行了换届选举,与会代表以举手表决的方式通过了新一届中国乒协领导人名单,现任国家体育总局副局长、新一任中国羽协主席蔡振华出任中国乒协主席。

名誉主席:李瑞环;

名誉副主席:徐寅生、李富荣;

主席:蔡振华;

副主席:刘凤岩、于斌、李振国、李永波、陆元盛、姚振绪、孙康林、张建新、苏亚君、孙永言、陈一平、华洪兴、张洪涛、陈绍基、朱玲、张西凌、江和平、邵华;

特邀副主席:李刚、赵勇、李宁。

中国乒协下设六个专门委员会:教练委员会、裁判委员会、器材委员会、科研委员会、少年委员会和新闻委员会。

第二章 乒乓球运动的理论知识

第一节 乒乓球运动的特点和健身价值

一、乒乓球运动的特点

乒乓球运动是以技巧为主要制胜手段的运动项目，具有以下特点：

(1) 球小而轻，击球距离近，球的速度快，变化多而复杂，有较强的对抗性和趣味性。

(2) 可在室内进行运动，不受季节和气候的影响。

(3) 不受性别、年龄和身材条件的限制。

(4) 没有直接的身体接触，伤害事故少；运动量可大可小，强度可自主控制。

(5) 运动场地、设备和器材较为简单，具有广泛的群众性和适应性，易于开展和普及。

二、乒乓球运动的健身价值

经常参加乒乓球运动能够促进人的身心全面发展，具体表现为：

(1) 有利于改善人的反应速度和思维的敏捷性。手的活动引发脑的思维，脑的思维又通过手的实践去完成、完善。每次击球，手的动作将形成大脑新的兴奋点，产生一个新的联系，有利于理解,有利于记忆,有利于思考。

(2) 有利于改善脑—手联动的能力。手的高度灵活性是和人脑联系在一起的,是人类所特有的高度进化的结果。手是人类神经最为丰富最为敏感的部位,神经纤维也最集中。手在大脑皮质运动中枢的投影区比足要大得多,因此,人具备了最复杂、最特殊的功能——脑和手的联系与互动。经常打乒乓球,无疑能增强人的脑—手联动的能力。从这个意义上说,直握拍打球比横握拍打球更具有健身价值,因为直握拍调节球拍的难度和精确度要大得多。

(3) 能有效地改善心血管系统的功能,促进新陈代谢,尤其能提高人的脑血管流量。日本人戏称"打乒乓球能防止老年痴呆"。最近瑞典的专家研究了手指活动和脑血流量的关系,证明手指简单活动时,脑血流量约比不动时增加 10%,但在手指连续做复杂、灵巧的动作时,脑血流量会增加 35% 以上。脑血流量的相对增加有利于加强思维的敏捷性。

(4) 有助于提高视神经的灵敏度和预防近视。长期从事近距离工作的人,由于晶状体总是处于高度紧张状态,容易导致视力疲劳现象。同时,看近处物体时,两眼球全向鼻根方向靠拢,使眼外肌肉压迫眼球,日久天长,眼轴会慢慢变长,形成近视。而打乒乓球时,两眼必须紧盯着忽远忽近、快速变化的来球,迫使眼球内部不断运转,血液循环增强,从而消除或减轻眼球的疲劳,达到预防近视的作用。

(5) 有利于提高人体各部位,尤其是上下肢与腰部的协调活动能力。打乒乓球时,不仅需要持拍手臂的肌肉力量,而且要依靠人体其他部位协调活动的能力。这种能力既是保持击球准确性和威胁性的前提,也是反复实践带来的结果。

(6) 能有效提高人体的移动速度、单个动作速度和动作间的转换速度。击球者在击球时,必须在不断的跑动中,移动到合适的击球位置挥拍击球,挥臂速度的快慢决定着击球的力量与速度;同时,在一个回合的争夺中,击球者可能要连续击球或用不同的技术动作还击来球,动作间的转换速度就成了得分的关键因素之一。

(7) 能培养沉着冷静、机智果断的心理素质,增强变化和适应变化的能力。有人说“打乒乓球是学会一种新的思维方式”,该快则快,该慢则慢,不断变化击球的路线、球的落点和旋转等,让对方始终处于被动适应的状态。这种瞬间的思维决策是与操作行为同步进行的,它迫使击球者在不断变化中作出选择,采用合适的还击方式。经常打乒乓球,可以看做是适应现代生活方式的一种心理调适手段。

第二节　击球的动作结构

乒乓球的技术动作多种多样,但在击球的动作结构方面有着共同的规律。从动作过程来说,分为击球前、击球时和击球后三个部分。每一个完整的技术动作都是由可以分解的、按特定的顺序连接的若干技术环节组成的,这些环节彼此相连,形成“技术动作链”。但个体在遵循固有的技术基础完成动作的过程中,可以表现出各自不同的技术特点。

一、击球前

击球前的选位、引拍和迎球挥拍是完成技术动作的前奏。

1. 选位

选位正确与否,直接影响击球的命中率和击球的效果。选位的关键是快速移动到最适合的击球位置,而击球位置主要是根据对方来球的线路落点、旋转性质和力量,以及准备采用的还击方式确定的。

2. 引拍

引拍是迎球挥拍前的准备动作，为的是获得合适的动作半径和更好地发力击球。是否及时引拍决定能否选定适宜的击球点。引拍的方向决定着回球的旋转性质，一般情况下，引拍的方向与击球的旋转性质相反。例如，拉球向球的下方引拍，大力扣杀向球的右后上方引拍，发右侧旋球向球的左侧引拍等。

3. 迎球挥拍

迎球挥拍是指从引拍后的位置挥拍到击中来球这段过程。在这个过程中，挥拍手臂的主动肌和对抗肌的协调用力是至关重要的。挥拍方向决定击球的旋转性质和路线，挥拍幅度的大小和加速度的快慢决定击球的力量、速度和旋转的强度。

二、击球时

击球时，球拍触球瞬间的击球点、击球时间、击球拍形和击球部位是有效完成技术动作的核心。

1. 击球点

击球点是指球拍与球接触瞬间的那一点相对于击球者所处的空间位置，它包含以下三个因素：① 球处于身体的前后位置；② 球与身体的远近距离；③ 球相对于躯干的高低位置。不同的身体形态，不同的技术动作方法，击球点有所不同。在人与球的相对运动中，保持合适的击球点是提高击球命中率和回球质量的重要环节。合理的击球点是“身前击球”。丘钟惠说：“正确的击球点应该是球、球拍和身体正好形成一个三角形，使挥拍和击球有一个空间。”许多人击球时，球在躯干的侧面甚至稍后，这样就迫使自己只能手臂用力；一般情况下，球与身体的距离在 45 ~ 50 厘米左右（相当于自己的前臂长短），但不同技术动作的要求有所差异,如对拉、对冲、扣机会球时适当远一点,拉较强的下旋球时则应适当近一些。击球时,球与躯干的高低位置,一方面要依据对方来球的弧线高低和旋转性质确定;另一方面取决于自己还击技术动作所要求的击球时间。例如,同一弧线的来球,你可以在高点期击球,也可以在下降期击球,这样球与身体的距离就发生了变化,需要击球者作出选择与调整。

2. 击球时间

击球时间是指击球技术动作所需的特定时间。对方来球在本方台面弹起后回落的过程分为上升前期、上升后期、高点期、下降前期和下降后期(图 2-1)。不同的技术动作,击球时间亦不同,如慢搓球应击球的下降期,快搓球应击球的上升期,加力推应击球的高点期,快推应击球的上升期,拉加转球应击球的下降期,拉冲弧圈球应击球的高点期,对拉时应击球的上升期。在球速较快的情况下,选定符合技术动作要求的击球时间,需要击球者具有良好的时空知觉。

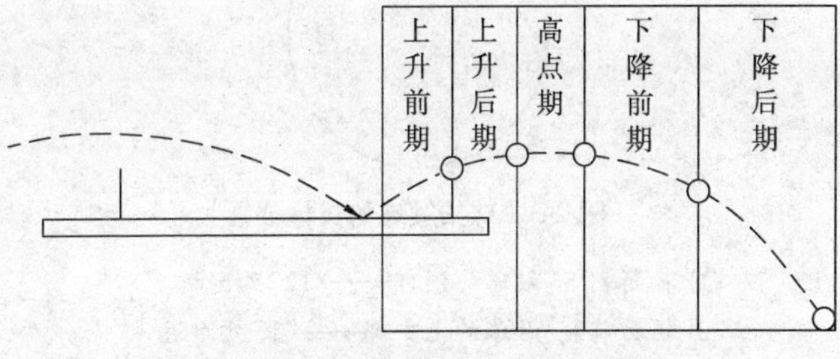

图 2-1 乒乓球弹起后回落的过程

3. 击球时的拍形和击球部位

击球时的拍形包括拍面方向和拍面角度。拍面方向是指球拍左右偏转时,球拍与端线所形成的角度;拍面角度是指拍面与台面所成的角度。拍面与台面成 90 度为垂直,小于 90 度为前倾,大于 90 度为后仰(图 2-2)。击球部位是球拍触球时的具体位置,它基本上与拍面角度相吻合(图2-3)。事实上,拍面垂直触球的正后中部的情况很少见,不是偏左就是偏右。因此要根据击球动作的实际需要调节拍形。触球的瞬间,拍面角度是难以定量的,完全凭击球者的手感、球感等综合感觉。击球者能够做到的是尽量增加球拍与球的滚动摩擦时间和面积,以获得最佳击球效果,尤其在拉、冲球时,也就是人们常说的“包球”、“吃球”。

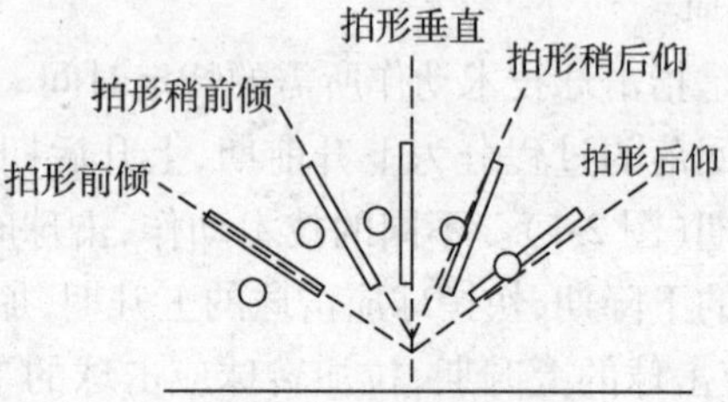

图 2-2 拍面角度

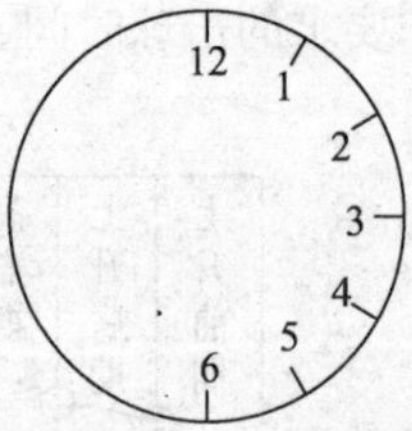

图 2-3 球拍触球的具体位置

① 拍面朝下,触球的顶部——“12”处附近。
② 拍面前倾,触球的上中部——“1”处附近。
③ 拍面稍前倾,触球的中上部——“2”处附近。
④ 拍面垂直,触球的中部——“3”处。
⑤ 拍面稍后仰,触球的中上部——“4”处附近。
⑥ 拍面后仰,触球的下中部——“5”处附近。
⑦ 拍面朝上,触球的底部——“6”处附近。

三、击球后

球被击出后的随势挥拍和还原保证了击球动作的完整性，有助于完成下一个击球动作。

1. 随势挥拍

随势挥拍是指击球后由于惯性而挥拍的动作。它能够保证击球动作的连贯、稳定、完整，有助于击球动作的准确性，也有助于及时还原。一些初学者在发力击球后，挥拍动作骤然停止，这是不可取的，应防止形成这种习惯动作。

2. 还原

还原是指一个技术动作完成后，以最快的速度、最近的路线回到击球的准备姿势，包括身体重心、下肢、手臂的还原。

第三节 击球时身体不同部位的作用

乒乓球运动的技术动作千变万化，但是，每一个正确的技术动作都是由身体各个部位的肌肉协调用力，形成一个个复杂的运动动力定型来完成的。在每一板的击球过程中，身体的不同部位分别起着不同的作用，每一部位的作用也不是孤立的存在，它既受其他部位的制约，又影响其他部位发生作用。了解身体不同部位在击球过程中的作用，能帮助我们及时发现击球动作中的错误，并加以纠正。尤其对初学者来说，不应该只注重自己的手法，要从一开始就学会全身协调用力的正确方法，找到最合理的发力方式。

一、腿部的作用

(1) 两脚掌内侧蹬地的力量大小决定了脚步起动的速度快

慢,也直接影响移动的速度。

(2) 保持两脚间合适的距离,以及膝关节、踝关节的合理弯曲,使重心稳定;同时,利用腿部的屈、伸,调节击球点,并与身体保持合适的高度。

(3) 击球过程中,帮助身体重心及时转移。

(4) 协助上肢充分发挥击球力量,正确的发力方法应该是先从脚蹬地开始的。

(5) 协助完成击球后的缓冲动作,以迅速恢复击球的准备姿势。

二、腰、腹部的作用

(1) 身体重心的及时转移要有腰部转动的主动配合才能完成。

(2) 击球前,利用转腰动作增大球拍的加速距离。

(3) 借助腰部的转动力量增大击球力量(格林卡在反手拉球时,腰部的力量运用得非常好,近台也能发力打回头),并由它向上传递腿蹬地的力量,有“第二级火箭”之称。

(4) 收腹可增大击球空间,尤其当来球靠近身体时,收腹的作用非同小可。

三、执拍手上臂的作用

(1) 上臂运动是以肩关节为轴心、以肘关节为标志,来表明上臂运动的幅度、方向和距离的。上臂的运动可调节挥拍动作的半径;当来球离身体较远时,上臂外展引拍迎球;回击底线球或发力拉、冲时,上臂后伸,保证球拍有合适的加速距离;回击近网短球时,上臂带动前臂前伸(但不能完全伸直,否则手腕无法用力),及时靠近来球;回击弹起较高的球时,上臂抬起,保持球拍与来球的水平高度。

(2) 上臂发力增加球飞行的前进力，中远台、远台击球时，上臂要积极前送，这样才能打出较长距离的球。

(3) 上臂运动的方向决定球飞行的弧线。拉加转弧圈球时上臂多向上发力，拉前冲弧圈球时上臂多向左前方发力。

(4) 能发挥较大的击球力量。附着于上臂骨的肌肉（三角肌、胸大肌、肱二头肌等）面积大，收缩时能产生较大的力量。同时，力量的传递是由身体近端依次向远端传递的，应由大关节向小关节传递（即肩关节→肘关节→腕关节），最后集中于球拍触球的瞬间，形成“鞭打动作”。

四、执拍手前臂的作用

(1) 由于前臂可以屈、伸，具有速度杠杆的特点，因而可以发挥较快的挥臂速度，提高击球力量。

(2) 靠前臂的旋内、旋外带领手腕、手指调节拍形的角度（因为手腕只能作屈、伸和旋转运动），尤其是直拍反手推挡时，必须由前臂旋外才能达到足够的前倾角度，这是被许多乒乓球爱好者忽视的。

(3) 根据不同的来球，前臂要与上臂构成适宜的角度。当来球较低时，前臂与上臂的夹角稍大，保证挥拍有足够的向上加速距离；当来球较高时，上臂向外伸屈，前臂与上臂的夹角稍小，但前臂需作爆发式收缩，加快手臂的摆速，增大力量和对球的摩擦力，以利于提高击球的准确性和杀伤力。

(4) 前臂的挥动方向决定击球的旋转性质。前臂由下向上挥动，打出的球是上旋球，反之是下旋球；前臂从左向右挥动，打出的是右侧旋转，反之是左侧旋转。

五、执拍手手腕和手指的作用

(1) 在前臂的带动下,手腕和手指能调节拍面方向和拍形角度,制造合理的弧线,决定击球路线。

(2) 手腕和手指适度紧张,有利于固定拍形,提高击球的准确性。

(3) 在前臂的带领下,手腕加速转动(外展、内收)是增强旋转的关键。

(4) 回击近网球时,主要靠手腕和手指发力。

六、不执拍手臂的作用

(1) 发球时向上抛球,球一旦被抛起,不执拍手臂应立即从球和球网之间的空间移开,向身体的侧面挥摆。

(2) 配合持拍手臂发力,如反手加力推或反手攻球时,左臂应向左后方用力摆动。①

(3) 移动中,协调、配合身体其他部分稳定身体重心,起到缓冲的作用。例如,接正手近网球时,右脚前跨的同时,左臂后伸。

(4) 有助于击球后的迅速还原。例如,正手发力攻球时,左臂的制动动作。

(5) 自然地摆动,使得每个击球动作潇洒、流畅,给人以整体的美感。

---

① 本书中的论述匀以右手执拍为例。

第四节　球拍的性能和规则规定

一、球拍的性能

1. 胶皮拍

正胶胶皮拍。球拍底板上贴一块胶皮，颗粒向外，颗粒高度在1.5毫米之内。

性能：弹力均匀，击球稳健，易于控制球，但弹性差，击球速度慢，力量也不够强，难以制造强烈的旋转。目前使用正胶短齿胶皮拍的人几乎看不到了，但在底板上粘贴长齿胶皮的人不少。

2. 海绵拍

(1) 正胶海绵拍。在海绵上贴一块颗粒向外的胶皮，颗粒的高度一般为0.8~1毫米，颗粒比较硬，但缺乏粘性。

性能：反弹力大，回球速度快，能制造一定的旋转，但不能制造很强烈的旋转。目前，用正胶打快攻的运动员越来越少。

(2) 反胶海绵拍。在海绵上贴一块颗粒向内的胶皮，表面平整柔软，有较大的粘性。

性能：摩擦力大，能击出强烈的旋转球，但反弹力差，回球速度不如正胶海绵拍快，且不易控制旋转球。

3. 不同性能的球拍

习惯上把长胶、生胶和防弧胶皮拍称为不同性能的球拍。

(1) 长胶球拍。20世纪60年代，前中国女队教练张燮林偶然得到一块自己不好控制，对方也难以回接的长齿胶皮，成为使用长胶打削球的第一人。他借助于长胶的反旋转变化特点，成为当时日本弧圈球选手的克星。80年代，香港的年轻选手卢传淞弃守为攻，用反手长胶在近台拨、挡、磕，迫使对手减速、迟疑、发怵，结合用正手反胶大力扣杀,初步形成了使用长胶的进攻型打法,在世乒赛上夺得男单的第三名。90 年代,邓亚萍用反手长胶快拨和正手反胶连续快攻使所有对手望而生畏,成为使用长胶打近台快攻的范例。

性能:长胶属于低粘度胶皮,由于胶粒较长,来球与球拍接触后,胶粒先倾倒再还原的过程要长于短颗粒的正胶和生胶。因此,长胶击出的球落到对方台面后,常有明显下沉。用长胶拍打球产生的旋转变化,往往使对手难以适应,并引起对手的恐惧心理。它主要依靠来球的旋转或冲力增加回球的旋转强度或旋转变化。长胶击球的三大法宝是磕、切和拱。如果用削球回击拉过来的弧圈球,则回球更加旋转;对方拉过来的上旋球用挡球回击,则变为下旋球;如果来球下旋,用搓或推(拱)回击则变为上旋球;回削一般拉球或对搓时,回球不转;发球多为不转球;控制球能力需通过长期训练才能形成,同时击球速度较慢,难以发力攻球。

(2) 生胶海绵拍。这种球拍是在较薄的海绵上贴一块生胶皮,其胶皮的含胶量比正贴胶皮大,实质上是"软质正胶",其颗粒比较柔软,弹力明显增大。颗粒的高度一般在 0.8 ~1 毫米之间。身高适中的选手适合打生胶。首先使用生胶球拍者当属第 34 届世乒赛男单冠军获得者日本直拍近台两面攻运动员河野满。

性能:生胶弹性强,摩擦球的能力和击球的稳定性不如正胶,击出的球速度较快,击球弧线比正胶低平且下沉;回击底线急下旋长球有一定的难度;接强烈的上旋球容易打滑;在控制球方面有一定的成效;但不易制造差异较大的旋转变化,一旦退到中台,生胶很难施展威力。

(3) 防弧海绵拍。20 世纪 70 年代,法国人韦贝尔将自己的球拍遗忘在窗台上,球拍上的反胶被烈日"晒老化"了,击球效果奇佳,后经研发诞生了当时的秘密武器"防弧生胶"。80 年代,我国乒坛少帅蔡振华开创了防弧打快攻的先河,他充分利用反胶与防弧这两种覆盖物外观近似(胶皮颜色一样),但击球性能差异巨大的特点,也打出了那个时代的世界冠军。

性能:这种球拍缓冲性能很强,可减弱强旋转球的旋转,常用于控制对方拉出的弧圈球,很难提高击球的速度和旋转强度。

二、球拍的规则规定

(1) 球拍的大小、形状和重量不限,但底板应平整、坚硬。底板厚度至少应有85%的天然木料。加强底板的粘合层可用诸如碳纤维、玻璃纤维或压缩纸等纤维材料,每层粘合层不超过底板总厚度的7.5%或0.35毫米。

(2) 用来击球的拍面应用一层颗粒向外的普通颗粒胶覆盖,连同粘合剂厚度不超过2毫米;或用颗粒向内或向外的海绵胶覆盖,连同粘合剂厚度不超过4毫米。"普通颗粒胶"是一层无泡沫的天然橡胶或合成橡胶,其颗粒必须以每平方厘米不少于10颗、不多于30颗的平均密度分布于整个表面。"海绵胶"即在一层泡沫橡胶上覆盖一层普通颗粒胶,普通颗粒胶的厚度不超过2毫米。国际乒联球拍覆盖物批准表中规定:深色海绵(黑、蓝、棕、绿、红)不能用在透明的覆盖物下面。

(3) 覆盖物应覆盖整个拍面,但不得超过其边缘。靠近拍柄部分以及手指执握部分可不予以覆盖,也可用任何材料覆盖。击球拍面的覆盖物应是国际乒联(或中国乒联)现行许可的牌子和型号,其边缘必须附有清晰可见的商标型号及国际乒联的记号。

(4) 底板、底板中的任何夹层以及用来击球的一面的任何覆盖物以及粘合层应为厚度均匀的一个整体。

(5) 球拍两面无论是否有覆盖物,必须无光泽,且一面为鲜红色,另一面为黑色。拍身边缘上的包边应无光泽,不得呈白色。

(6) 由于意外的损坏、磨损或褪色,造成拍面的整体性和颜色上的一致性出现轻微的差异,只要未明显改变拍面的性能,可允许使用。

(7) 比赛开始及比赛过程中运动员需要更换球拍时,必须向对方和裁判展示他将要使用的球拍。在一场单打比赛中,不允许更换球拍,除非球拍严重损坏不能使用。如果运动员在比赛中损坏了球拍,应立即替换随身带来的另一块球拍或场外递进来的球拍。

(8) 运动员在比赛间歇时,应将球拍放在比赛台面上,得到裁判员特别许可者除外。

(9) 球拍覆盖物可用压力感应胶纸或不含有禁用溶剂的粘合剂粘贴在球板上。在世界奥林匹克比赛和主要巡回赛中都要进行胶水检测,运动员的球拍如被检测出含有违禁胶水,将取消本次比赛的参赛资格,并报告所属协会。

(10) 从 2006 年 9 月 1 日起,含挥发性有机溶剂的粘合剂不得在比赛场地使用;从 2007 年 9 月 1 日起,含挥发性有机溶剂的粘合剂将被停止使用。

第五节 不同类型打法

一、不同类型打法的分类

人们在谈论某个著名运动员或某个业余高手时,常常谈及他(她)是右手还是左手,是直握球拍还是横握球拍,是打正胶还是打反胶,是攻球还是削球等,事实上这是人们在议论他(她)属于哪个类型、哪种打法。类型和打法是不同的两个概念,两者既有联系又有区别。同一种类型可包含多种打法,不同的打法因其具有相同或相似的技术、战术风格而形成一定的类型。区分类型的主要标志是战术特点和工具性能，如以速度为主，以快打慢，以近制远的快攻类；以旋转为主，以转制快，以转制转的弧圈类；以削为主，削中反攻的削球类。由于不同技术的相互渗透和有机结合，从这三种类型中又派生出许多中间类型，如快攻结合弧圈类，这种类型包括直板快攻结合弧圈和横板快攻结合弧圈，其共同特点是站位中近台，以速度为主，结合旋转。又如弧圈结合快攻类，这类打法包括直拍弧圈结合快攻和横拍弧圈结合快攻两种打法，其共同特点是以旋转为主，以拉弧圈球为得分的主要手段，常以拉前冲弧圈球替代扣杀。早期就有以削为主的直拍和横拍削球打法，目前国际乒坛流行的是削球与攻球的结合打法，并以削球和攻球的使用率和得分率在整个打法中所占的比例而区分为削攻结合和攻削结合这两种打法。它们的共同特点是削球转而低，旋转变化大，落点控制好，进攻技术全面，既能发动快攻又能拉前冲弧圈球是这类打法的主要趋势。

区分打法的主要标志是技术特点和工具性能。在比赛中使用率和得分率最高的技术决定着打法的特点。快攻类中就包括了多种打法，如左推右攻、两面攻、左推右攻加直拍横打等。这些打法的共同特点是以速度为主，打在前面，先发制人。但同一打法的人在体现同类技术风格的基础上，还有个人对速度、力量、旋转、落点及战术运用的侧重点，这又形成了个人独特的技术风格。例如，同是近台快攻类的左推右攻打法的人，由于各自的具体情况不同，有的突出速度和落点的运用，从而形成了“快速多变”的个人技术风格；有的则突出速度和力量的运用，从而形成了“快速凶狠”的个人技术风格。比利时的塞弗，德国的罗斯科普夫，法国的盖亭和克罗地亚的普里莫拉茨，他们同属两面弧圈为主的打法类型，但前面三人属于凶狠风格。有人形容塞弗和盖亭的最大特点是“不讲理”，打得很“凶”，介乎一般人认为难以发力或不能发力的球，他们多采用发力搏杀，在凶狠和效率的前提下求准确。而普里莫拉茨则以稳健的两面发力拉落点和快慢节奏来控制对方，从而取得主动，其技术风格体现为“准、变”两字。因此个人技术风格集中反映其运用技术的倾向和外部表现形式。

根据我国科研人员的研究归纳，世界乒坛共有 5 大类型、18 种打法，其中中国队占了 16 种。五大类型是快攻类、快弧类、弧圈类、削球类和削攻结合类。在世界乒乓球技术和打法的发展过程中，各种类型的打法在相互制约和激烈的竞争中演进着。一些打法由于不能充分将竞技要素和制胜因素发挥到高水平而逐渐淡出乒坛，最终被淘汰。例如，快攻类的单面攻、两面攻打法；单一的削球打法；弧圈类的防弧全攻型打法；削攻结合类的削攻推结合倒拍，削攻挡打法。值得关注的是在直拍削球打法被自然淘汰后，直拍进攻打法的人越来越少，可造就的苗子就更难寻找，同样面临失传的危险。实践证明，任何一种打法都可以攀登世界乒乓球技术高峰，问题不在于是直握还是横握拍，采取何种类型的打法，关键在于个人的实力是否雄厚，个人的技术风格是否突出。

二、介绍几种主要打法的优秀运动员

1. *左推右攻打法*

（1）刘国梁，男，1976 年生，身高 165 厘米，河南新乡人，现国家队男队主教练。直板正胶（反面反胶）快攻打法。他前三板特点突出，革新了直拍横打和反拍发球技术；他能用正反胶轮换发球，而且旋转强烈，尤其是发正手侧下旋球，出手隐蔽，落点比较灵活，长短、左右配合小三角，充分给自己的抢攻创造条件。刘国梁在 1992 年中国公开赛上连克世界高手，“在两天内打败了两年的对手”，一举成名。

主要成绩：1995 年第 43 届世乒赛男团冠军、男单亚军；1996 年第 26 届奥运会男单、男双冠军；1996 年第 17 届世界杯男单冠军；1997 年第 44 届世乒赛男团、男双、混双冠军；1999 年第 45 届世乒赛男单、男双冠军；2001 年第 46 届世乒赛男团冠军、男双亚军。

(2) 杨影，女，1977 年生，身高 165 厘米，江苏徐州人。1991 年进国家青年队，1993 年入选国家队，现就读于北京广播学院。右手直握球拍正胶左推右攻型打法。她继承和发展了我国传统直拍近台快攻打法的典型特点，抢攻意识强，正手攻斜线、直线灵活多变；反手推挡力量大，速度快，并能在相持中先发制人；在对付削球时，拉球稳健，扣杀凶狠，显示出柔中带刚的特色。她凭借扎实的基本功和顽强的斗志，杀出横拍打法的重重包围，是传统打法的典范。

主要成绩：1994 年、1995 年世界杯女团冠军；1996 年女子世界杯单打亚军；1997 年第 44 届世乒赛女团冠军、女双冠军；1998 年第 13 届亚运会女团冠军；1999 年第 45 届世乒赛女双亚军；2000 年悉尼奥运会女双亚军；2001 年第 46 届世乒赛混双冠军。

2. 快攻结合弧圈球打法

(1) 王皓，男，1983 年生，身高 176 厘米，吉林长春人。右手直握球拍，是中国主力阵营中创造性地在反手位使用直拍横拉、横打技术而不使用推挡的第一人。他的正手弧圈球连续拉冲的能力很出色，虽力量不大，但是连续性好，落点刁钻。反手位技术是他的特长，不管是上旋球还是对方拉冲上旋球，都能主动起板与之周旋，这得益于他独特的握拍方式。他拉出的球既转又“拐”，让对手极不适应。他的发球以低抛转与不转为主，动作隐蔽，旋转极强，并且发球后的爆冲线路清楚。正反手攻防转换和摆速技术也可圈可点。

主要成绩：1999 年第一届世界俱乐部锦标赛男团冠军；2001 年九运会男团冠军；2003—2004 年第 47 届世乒赛男团冠军、男双亚军。2003 年国际乒联总决赛男单冠军；2004 年雅典奥运会男单亚军;2005—2006 年第 48 届世乒赛男双冠军、男团冠军。

(2) 阎森,男,1975 年生,江苏徐州人。13 岁进江苏省队,19 岁进国家一队,主攻双打。左手直板快攻结合弧圈打法。属于那种优点突出、弱点明显的选手,胆子大,心理素质好。技术特点是发球好,打法比较凶狠,但其他技术比较单薄。

主要成绩:1995 年乒协杯男单冠军;1995 年第三届城运会团体冠军、男双冠军;1996 年国际乒联职业巡回赛总决赛男双冠军;1997 年第 44 届世乒赛男单第三名;1998 年、2000 年国际乒联职业巡回赛总决赛男双冠军;1998 年第 13 届亚运会男团冠军;1999 年第 45 届世乒赛男双亚军;2000 年第 27 届奥运会男双冠军;2001 年第 46 届世乒赛男双冠军。

(3) 王涛,男,1967 年生,身高 164 厘米,现为解放军队教练。左手横握球拍,正手反胶、反手生胶,快攻结合弧圈打法。他反手弹击速度之快无人能及,反手弹拨弧圈球很可能成为绝唱;正手抢拉弧圈、反带弧圈能力极强;心理比较稳定,在寻找对手弱点上比较精明,战术使用多变,善于坚持并发挥自己"近"和"快"的特长。刘国梁曾开玩笑地形容他"反手弹一下,撅着屁股拉一下,反手压一下,正手滑一下",但你很难破他。

主要成绩:1991 年第 41 届世乒赛混双冠军、男双亚军;1992 年第 25 届奥运会男双冠军;1992 年世界杯男单亚军;1993 年第 42 届世乒赛男双冠军、混双冠军;1995 年 43 届世乒赛男团冠军、男双冠军、混双冠军;1996 年 26 届奥运会男单亚军、男双亚军。

(4) 马文革,男,1968 年生,身高 168 厘米,天津人。右手横握球拍,两面反胶,快攻结合弧圈打法。虽然横握球拍,却具有中国传统直拍快攻上手快、出手快的特点。

主要成绩:1989 年世界杯男单冠军;1991 年世界杯男团冠军;1992 年世界杯男单冠军;1993 年第 42 届世乒赛男团亚军、双打亚军;1995 年第 43 届世乒赛男团冠军。

(5) 曹臻,女,1987 年生,身高 163 厘米,山东滨州人。右手横握球拍,正手反胶、反手生胶,快攻结合弧圈打法,特点是速度快,击球点比一般人早。她是中国横板生胶全攻打法的代表,发球多以正手低抛侧上、侧下旋球和转与不转球为主;反手位接发球擅长用生胶劈长以及生胶直接挂起来和对方打相持,正手位接发球有摆、晃挑。曹臻的整体技术特点是反手位出手快,出球比较沉,相持阶段反手的优势比较明显,尤其是两条直线运用得非常纯熟,能够连续大角度拨打弧圈球;正手相对要弱一些,前三板技术比较平淡。

主要成绩:2003 年马来西亚公开赛女单冠军、女双冠军;2004 年中国公开赛无锡站女单冠军、女双冠军;2004 年奥地利公开赛女双冠军、女单亚军;2005 年第 48 届单项世乒赛混双第三名。

(6) 李佳薇,女,1981 年生,身高 172 厘米,北京人,现为新加坡运动员。右手横握球拍,正手生胶、反手反胶,快攻结合弧圈打法。她的发球多使用反手位一个带"拱"的迷惑性动作侧上、侧下旋发球。接发球多用生胶打低球突击或者直接劈长和对方打相持。相持中她的反手能拉能打,速度快、力量大、角度开,多使用压反手变正手的战术。正手正胶的低球突击非常有质量,连续盖打质量高。

主要成绩:2002 年奥地利公开赛女单亚军;2002 年韩国公开赛女双亚军,2002 年日本公开赛女双冠军;2003 年韩国公开赛女双亚军;2004 年奥运会女单第四名,世界杯第四名;2004 年美国公开赛女单冠军;2005 年斯洛文尼亚公开赛女单冠军。

(7) 金香美,女,1980 年生,身高 161 厘米,朝鲜运动员。右手横握球拍,正手反胶、反手生胶,快攻结合弧圈打法。她的发球比较单一,就是正手位转与不转低抛短球配合侧下旋长球。但她的整体打法颇有特色,反手生胶运用纯熟,接发球能用生胶直接劈长,然后半台使用生胶发力弹击;近台上手快,发力拉击主要是斜线，反手攻球下沉，两面摆速快，全台跑动能力强。与其出色的反手技术相比，她的正手稍显单薄，正手偏中路的接发球是她的弱点。

主要成绩：2001年世乒赛女团亚军；2001年日本公开赛女双冠军；2001年国际乒联职业巡回赛总决赛女双亚军；2002年亚运会女团冠军；2002年卡塔尔公开赛、中国公开赛女双亚军；2004年新加坡公开赛、无锡公开赛女双亚军；2004年雅典奥运会女单亚军。

3. 单面拉弧圈打法

（1）柳承敏，男，1982年生，身高174厘米，韩国运动员。右手直握反胶球拍，是韩国传统的直拍单面拉打法。柳承敏的正手位半高抛发球出色，过网后“下扎”得非常厉害，他能用相近的动作发出左侧上、下旋和右侧上、下旋球，在此基础上加上逆旋转直线奔球，加强了打法的整体威胁。在相持中往往依靠强势的正手弧圈洞穿对方的防线，连续性好，对半出台球的抢冲成功率非常高，反手位被对方突然调动时，从正手回反手的一板反手攻球力量大，突然性强。中台防守中，能够用反手位的“兜”与对手对抗，并且伺机侧身反拉。对对方反手位拉得弧线较高的球他有一板加力推挡，力量非常大，且有斜直线变化，让对方很不适应。接发球上，他的正手小三角位挑打有实力，台内起板准确性高，反手位连续回摆的落点也比较出色。他打破了中国人从乒乓球项目进入奥运会后的垄断地位，把韩国乒乓球从近乎绝望的境地中解救了出来。

主要成绩：2000年中国公开赛男双亚军；2001年瑞典公开赛男单亚军，世乒赛团体第三名；2002年亚运会男双冠军、混双亚军、男团亚军；2002年巴西公开赛男单亚军；2002年中国公开赛男双冠军；2002年巴西公开赛男单亚军；2004年雅典奥运会男单冠军；2004年埃及公开赛、美国公开赛男单冠军、男双冠军；2004年克罗地亚公开赛男双冠军。

（2）蒋澎龙，男，1976年生，身高184厘米，中国台北运动员。右手直握反胶球拍单面拉弧圈球打法。他的下压式推挡堪称一绝，被乒坛誉为“鬼之推挡”，充分利用了自己身材高大、前臂有力的特点。正手低抛发球旋转强，正手上手速度快，摩擦结合击打，有旋转有力量。相持中虽然反手极为突出，但是步法稍差，经常被对方调动后出现空挡。

主要成绩：1999年捷克公开赛男单冠军、男双亚军；1999年德国公开赛、卡塔尔公开赛男双冠军；2000年第15届亚锦赛男单冠军、男双冠军、男团亚军；2000年法国公开赛男单冠军、男双冠军；2001年日本冠军公开赛男单冠军；2001年美国公开赛男双冠军；2001年卡塔尔公开赛男双冠军。

4. 两面拉弧圈打法

（1）张怡宁，女，1982年生，身高169厘米，北京人。右手横拍两面反胶弧圈球打法，是当今女子乒坛实力型打法的杰出代表。她的发球多以正手发低抛的侧上、下旋球配合小三角区的不转短球为主，结合正手底线奔球；有时为了技战术的需要，也发反手位的低抛侧上、下旋球。接发球上，她直接抢攻并不多，正手位短球能够劈长、晃挑，反手位一般会把球挑起来和对方打相持。张怡宁拉弧圈球的力量不是最大，但两面弧圈球上手质量高，正反手实力均衡，其正手拉弧圈球的连续性和稳定性非常好，尤其是正手中近台的快撕等技术使用绝熟。她的反手位比较“粘”，给对方以打不死的感觉，尤其是对方发力时，她反手位贴身一板反剃，不仅有节奏变化，而且能扭转被攻局面。形成相持后，不轻易发力，但出色的快拉、快撕技术能为正手制造扣杀的机会，最具威胁的是相持中侧身正手斜线爆冲。她对付生胶、长胶等非常规胶皮，节奏感好，拉球的旋转、落点变化能够保证自己取得胜利。在比赛中，她跑动积极、灵活，照顾范围大，心态平静，技术上没有明显漏洞，发挥稳定，已成为中国女队的领军人物。

主要成绩：1999—2000 年第 45 届世乒赛女团冠军、女单亚军；2001 年第 46 届世乒赛女团冠军；2003—2004 年第 47 届世乒赛女团冠军、女单亚军、女双冠军；2005—2006 年第 48 届世乒赛女团冠军、女单冠军、女双冠军；2001 年、2002 年、2004 年、2005 年世界杯女单冠军；2000 年、2002 年、2005 年国际乒联职业巡回总决赛女单冠军；2004 年国际乒联职业巡回总决赛女双冠军；2004 年雅典奥运会女单冠军、女双冠军。

（2）鲍罗斯，女，1977 年生，身高 177 厘米，克罗地亚运动员。右手横拍两面反胶弧圈球打法。她的打法凶狠，正反手多采用高达 4—6 米的高抛发急下旋配合不转球，发球后能全台拉冲；中远台相持能力强，尤其是正手弧圈球技术颇有杀伤力，在世界女子乒坛绝对领先；但整体技术缺乏稳定性，处理球有点粗糙；过于单一的接发球手段以及接发球的落点、节奏变化不多，从而影响了她的比赛成绩。

主要成绩：1999 年克罗地亚公开赛女单冠军；2000 年法国公开赛女单亚军；2000 年国际乒联职业巡回总决赛女单第三名；2001 年卡塔尔公开赛女单亚军。

（3）施拉格，男，1972 年生，身高 179 厘米，奥地利运动员。右手横板两面反胶弧圈球打法。他力量一般，但整体打法很有特色，胆量奇大。发球隐蔽性强，正手逆向摩擦发球旋转变化多，落点好，并且能发速度非常快的底线奔球，有斜线、直线变化；反手接发球拉打非常出色，有些球看似弧线高、速度慢，但旋转非常强，接近了所谓的“螺旋球”。他相持能力强，在远台防守中常常能够出其不意地打回头，反手相持中也能够有效利用弹击和反剃来弥补力量的不足。

主要成绩：1996 年澳大利亚公开赛男单冠军、男双冠军；1996 年英国公开赛、美国公开赛男双冠军；1997 年波兰公开赛男双冠军；1998 克罗地亚公开赛男双冠军；1999 年世界杯男单亚军；1999

年澳大利亚公开赛、捷克公开赛男双冠军；2000 年丹麦公开赛男单亚军、男双冠军；2001 年巴西公开赛男双冠军；2002 年巴西公开赛男单冠军、男双冠军；2002 年韩国公开赛男单冠军；2003 年第 47 届世乒赛男单冠军；2004 年克罗地亚公开赛男单冠军。

(4) 格林卡，男，1972 年生，身高 170 厘米，希腊运动员。右手横握球拍两面反胶两面拉打法。由于早年练过体操，他的身体素质出众。他发球一般，正手位接发球有明显漏洞，特别是正手位直线半出台球回球线路单一、稳定性不高，但在中远台对拉对冲时经常能够在极度困难的情况下给对手以致命的打击。在整体打法中，他的反手技术尤其突出，反手中远台都能够发力爆冲和反拉，角度之大、落点之开是其他人不能比拟的。如果在顺风的情况下打相持，他的实力足以击败任何一个高手。

主要成绩：1991 年第 36 届世乒赛混双季军；1992 欧洲锦标赛混双冠军；1994 年欧洲锦标赛男双冠军、混双亚军；1996 年欧洲锦标赛男双季军、混双亚军；1998 年欧洲锦标赛男双亚军；2000 年欧洲锦标赛男单亚军、男双亚军；2002 年国际乒联职业巡回赛总决赛男单亚军；2003 年第 47 届世乒赛男单季军；2003 年世界杯单打季军。

(5) 罗斯科普夫，男，1969 年生，身高 182 厘米，德国运动员。左手横握球拍两面拉弧圈打法。他身材高大，两面拉弧圈，积极主动，速度快，旋转强；反手弧圈出手快，力量重，以凶狠著称；站位近，侧身积极，在相持中善于转入主动，并发力前冲或扣杀得分。无论在什么情况下，他都能沉着冷静，冷峻的脸上看不出任何情绪变化。双打是他的特长。

主要成绩：1989 年第 40 届世乒赛男双冠军；1992 年巴塞罗那奥运会男双亚军；1994 年意大利公开赛男单冠军；1995 年世界杯男单亚军；1996 年第 26 届奥运会男单第三名；1998 年第 19 届世界杯男子单打冠军；1993 年、1995 年、1997 年欧洲“大师杯”男单冠军。

(6) 盖亭,男,1968 年生,法国运动员。左手横握球拍中近台两面拉弧圈打法。他同罗斯科普夫、塞弗一起被誉为欧洲选手中的“三架马车”。盖亭的打法比其他欧洲运动员更快、更主动、更凶狠,稳健性也高,技术更加细腻。从发球、接发球起,他尽可能抢拉,并积极跑动,充分发挥正手杀伤力强的优势,力求速战速决;一旦处于被动就退到中台,依托他相持的实力,能对拉弧圈并伺机靠近球台转入主动。他是欧洲和世界技术风格新潮流的代表,超人的速度和非凡的心理素质是盖亭的两大法宝,天才加勤奋是他成功的秘诀。

主要成绩:1992 年第 25 届奥运会男单亚军;1993 年第 42 届世乒赛男单冠军;1994 年第 15 届世界杯男单冠军;2000 年悉尼奥运会男双第三名。

5. 弧圈结合快攻打法

(1) 王楠,女,1978 年生,身高 163 厘米,辽宁抚顺人。左手横握球拍两面反胶弧圈结合快攻打法。她技术全面,发球落点和旋转变化多,多为正手位低抛、半高抛不转短球和侧上、下旋发球,上手能力强,尤其是她发球后的一板正手侧身大滑板连攻经常令对手猝不及防。她接发球时多用正手快摆、劈长配合反手位快撕,质量高,威胁大。她正反手弧圈球实力平均,打球的落点和节奏变化胜人一筹。反手位拉打结合,既能在中台主动发力拉前冲弧圈球,又能在近台依靠弹击、贴、撕等多种技术与对手周旋。尽管王楠的跑动和力量不是女队中最好的,但她打球的意识以及关键时刻的大胆变化是最出色的。她 19 次夺冠,超越邓亚萍成为中国乒乓球历史上夺得世界冠军最多的选手。

主要成绩:1998 年国际乒联职业巡回赛总决赛女单冠军;1999 年国际乒联职业巡回赛总决赛女单冠军、女双冠军;2004 年国际乒联职业巡回赛总决赛女双冠军;1997 年、1998 年和 2003 年世界杯女单冠军;1999—2000 年第 45 届世乒赛女团冠军、女单冠军、女双冠军;2001 年第 46 届世乒赛女团冠军、女单冠军、女双冠军;2003—2004 年第 47 届世乒赛女团冠军、女单冠军、女双冠军和混双冠军;2005 年第 48 届世乒赛女双冠军;2006 年第 48 届世乒赛女团冠军;2000 年悉尼奥运会女单冠军、女双冠军;2004 年雅典奥运会女双冠军。

（2）郭跃,女,1988 年生,身高 162 厘米,辽宁人。左手横板两面反胶弧圈结合快攻打法。郭跃前三板技术先进,正手实力突出,拉冲成功率很高,球速非常快,击球点早,线路灵活,技术具有明显的男性化特征。她的发球技术出色,正手低抛发球隐蔽性极强,出手迅速,侧上、下旋质量高,落点变化多。她接发球的手感出众,正手位能直接抢拉、晃挑或和劈长,反手位能快撕配合拧。但由于年龄还小,她正手连续拉冲的力量有待提高,反手技术略显单薄。

主要成绩:2003 年第 47 届世乒赛女双亚军;2003 年职业巡回总决赛女双冠军;2004 年第 47 届世乒赛女团冠军;2004 年职业巡回总决赛女单冠军;2005 年第 48 届世乒赛混双冠军;2006 年第 48 届世乒赛女团冠军。

（3）王励勤,男,1978 年生,身高 186 厘米,上海人。右手横握球拍两面反胶弧圈结合快攻打法。王励勤是国家队中公认的身体素质最出众的球员,他身高臂长,护台面积大,基本功非常扎实。他的发球以正手侧上、侧下旋短球结合底线长球为主,发球后侧身抢冲速度快,质量高,有斜线、直线变化。他拥有令全欧洲选手汗颜的中远台弧圈球对拉、对冲能力,相持中经常能够主动发力,摧垮对手的防线。他的反手技术与正手相比显得单薄些,缺少中远台绝对的杀伤力,但经过近年来的训练,退台相持后,他的反手位的威胁已大有提高。

主要成绩:1998 年国际乒联职业巡回赛总决赛男单冠军、男双冠军;1999年第45届世乒赛男双亚军、混双季军;2000年奥运会男双冠军;2000年国际乒联职业巡回赛总决赛男单冠军、男双冠军;2001年世界杯男单亚军;2001年国际乒联职业巡回赛总决赛男单亚军;2001年第46届世乒赛男团冠军、男单冠军、男双冠军;2003年第47届世乒赛男双冠军;2004年第47届世乒赛男团冠军;2004年雅典奥运会男单季军;2005年第48届世乒赛男单冠军、混双冠军;2006年第48届世乒赛男团冠军。

(4) 马琳,男,1980年生,身高174厘米,辽宁沈阳人。右手直握球拍两面反胶弧圈结合快攻打法,是典型的激情型选手,有"拼命三郎"的外号。他的发球以正手位低抛、半高抛转与不转为主,落点刁钻,旋转差异大,发球后正手一板爆冲和中台的连续正手位拉球是他的特长技术。他的台内球细腻,摆短、挑打技术和反手位的直拍横拉技术都很出众。反手位既能推挡,又能以反面反胶直接快撕、快拉对方的弧圈球。

主要成绩: 2000年世界杯男单冠军;2000年第45届世乒赛男团亚军;2000年国际乒联职业巡回赛总决赛男单第三名、男双第三名;2001年世乒赛男团冠军、男单第三名;2002年国际乒联职业巡回赛总决赛男双冠军;2003年第47届世乒赛混双冠军、男双第三名;2003年世界杯男单冠军;2004年世界杯男单冠军;2004年雅典奥运会男双冠军;2005年第48届世乒赛男单亚军;2006年第48届世乒赛男团冠军。

(5) 孔令辉,男,1975年生,身高174厘米,黑龙江哈尔滨人。右手横握球拍两面反胶弧圈结合快攻打法。他打法稳健,技术结构合理,发球以正手转与不转低抛结合半高抛为主。正反手起板快,拉球弧线稳定,正手连续拉能力出众,反手弹击力量虽然稍有不足,但常能够依靠灵活的线路和快撕、快拉进行弥补。防守时,反手一板"侧砍"命中率高,节奏变化大,往往使对手防不胜防。他打削球的能力和战术运用堪称乒坛的典范。

主要成绩：1995 年世界杯男单冠军；1995 年世乒赛男团冠军、男单冠军；1996 年第 26 届奥运会男双冠军；1996 年国际乒联职业巡回赛总决赛男单冠军；1997 年世乒赛男团冠军、男双冠军；1997 年世界杯男单冠军；1997 年国际乒联职业巡回赛总决赛男双冠军；1999 年世乒赛男双冠军；1999 年国际乒联职业巡回赛总决赛男双冠军；2000 年悉尼奥运会男单冠军、男双亚军；2001 年第 46 届世乒赛男团冠军；2002 年国际乒联职业巡回赛总决赛男双冠军；2005 年第 48 届世乒赛男双冠军。

(6) 波尔，1981 年生，身高 178 厘米，德国运动员。左手横握球拍两面反胶弧圈结合快攻打法。他拥有一手出色的正手逆向发球技术，落点刁，旋转变化大，发球后反手快撕和正手全台拉衔接紧密。他克服了以往欧洲运动员反手好、正手差的弱点，在发球、接发球上能通过晃撇、快摆、快撕等技术获得先机，中远台对拉、对冲能力强。其弧圈球速度快、弧线稳定而且破坏性大，但处理关键球不够大胆，力量稍欠火候。

主要成绩：2001 年荷兰公开赛男单亚军、男双冠军；2001 年巴西公开赛男单冠军；2001 年英国公开赛男双冠军；2002 年欧洲锦标赛男单冠军、双打冠军；2002 年世界杯男单冠军；2003 年日本公开赛男单冠军，世界杯并列第五；2004 年第 47 届世乒赛男团亚军；2004 年奥地利公开赛男单冠军；2004 年德国公开赛、波兰公开赛男单冠军、男双冠军；2004 年中国公开赛男双亚军；2005 年第 48 届世乒赛男双亚军。

6. 削攻结合打法

(1) 丁松，男，1971 年生，身高 178 厘米，上海人。右手横握球拍，正手反胶、反手正胶，攻削结合打法。他是继上世纪 60 年代削球世界冠军王志良，削球机器张燮林和 80 年代的陆元盛、陈新华之后，中国又一位体现世界乒坛“更快、更转、更凶”潮流的新型削球高手。丁松头脑灵活，手感好，变化多，攻势强，风格怪异，将扣球、削球带入一个新的境界，并形成了他技术上的三大特色：高质量的发球，正反手的变幻稳削和快攻。他削中反攻的独特打法曾令世界一流好手无计可施。

主要成绩：1994 年中国“乒协杯”混双冠军，全国锦标赛第三名；1995 年第 43 届世乒赛男团冠军。

（2）朱世赫，男，1980 年生，身高 180 厘米，韩国运动员。右手横握球拍，正手反胶、反手长胶，削中反攻打法。反手长胶削接弧圈球弧线低平，旋转强烈，逼角凶狠；在近台能用长胶磕、拱、挡、切等技术接发球，为正手进攻制造良机。值得一提的是，其正手能够在全台连续拉冲弧圈球，攻击性极强。美中不足的是，朱世赫的弧圈球斜线过多，正手削接的实力一般，没有退台后的倒拍削球。

主要成绩：2001 年日本公开赛男单亚军；2001 年第 46 届世乒赛男团第三名；2001 年世界大学生运动会男团第三名、男双亚军；2002 年世界俱乐部锦标赛男团亚军；2002 年亚运会男团亚军；2003 年第 47 届世乒赛男单亚军。

（3）金景娥，女，1977 年生，身高 164 厘米，韩国运动员。右手横握球拍，正手反胶、反手长胶，削中反攻打法，属于传统路数的削球，特色性不强。面对对方拉过来的前冲弧圈球，她更多的是全台用反手长胶削接配合正手的远台“兜”和正手转与不转削球，在对方回球稍高的时候给以突然反攻。金景娥以反手半高抛侧下旋发球为主，配合底线奔球，突击时也主要是以打为主而不是使用正手弧圈球。在不具备绝对实力和领先技术的情况下，金景娥之所以能够在国际乒坛立足，主要依靠的是自己顽强的意志和反手长胶“牛皮糖”般的削球。

主要成绩：2001 年日本公开赛女双冠军、女单亚军；2002 年日本公开赛女单冠军、女双亚军；2003 年世界杯女单八强；2004 年雅典奥运会女单季军；2004 年克罗地亚公开赛女单冠军；2004 年俄罗斯公开赛女单亚军。

(4) 范瑛,女,1986年生,身高162厘米,江苏镇江人。2001年底进入国家一队。右手横握球拍,正手反胶、反手正胶,削中反攻打法。就整体技术而言,削攻结合得当,进攻方式比较多,发抢成功率高,攻击力强,威胁大;发球多以正手位低抛底线长球和转与不转短球为主,配合抢攻、抢拉、抢冲,进攻的爆发力大。她削球的旋转变化区别大,尤其是正手能削出一板非常转的球;反手由于不是长胶,削球稳定性稍差,但能够制造不同的旋转变化。对方拉过来的上旋球,她能削中反攻、反拉。她那极具威力的正手弧圈球和坚固的防守技术,在比赛中能攻善守,善于变化,使她成为对付任何一种打法都有独特招式的优秀削球手,是第一个出现在国际赛场上的具有当今男性化技术的削球手。

主要成绩:2001年女子世界俱乐部团体冠军,亚青赛女团冠军、女双冠军;2002年奥地利公开赛女双冠军,德国公开赛女单亚军;2003年亚洲杯女单冠军,亚青赛女团冠军;2004年世青赛女团冠军、女双亚军。

第六节 决定胜负的制胜因素

制胜因素属于心理学范畴、战术范畴,是在弧线、旋转、力量、速度和落点五个物理竞技要素的经验基础上抽象成的概念,是对乒乓球运动对抗属性的本质认识,是主观的感知,难以量化。一分球的争夺,在绝大多数情况下(除了发球直接得分外)都在两板以上,除了依靠每一板球的命中外,还依赖于技术组合中五个竞技要素的随机变化。一局球的争夺,有开局、相持、领先、落后的变化,有控制与反控制,有相持中攻防转换的招数;有局点的搏杀,需要斗志斗勇,表现出气势和胆略。一场球的胜负,展现出各自的打法特点和技术风格,双方比特长、比技术全面、比力争主动的意识、比处理球的能力、比关键球的把握等,一句话,比的是竞技实力。早在20世纪60年代和70年代,我国乒坛总结了中国传统直拍快攻的制胜因素是“快、准、狠、变、转”,随后陆续总结出直拍反胶快攻打法和横拍快攻结合弧圈打法的“快、转、准、狠、变”,横、直拍削攻打法的“转、稳、低、攻、变”,横、直拍弧圈结合快攻打法的“转、快、准、狠、变”等制胜因素。五个制胜因素中的每一个字都是一个相对的概念,充满了辩证法与智慧,有着丰富的乒乓文化内涵。

“快”:是击球者主体状态的感觉经验,它与竞技要素中的“速度”概念既有联系又有区别,主要受现场情景的影响,是一个相对的概念;同时,这种感觉经验受击球者心理压力、身体状况、时空知觉等因素的影响。抢在对方前面进攻是快;拉后爆冲是快;放短球是慢,但在拉长球后吊短则是快;吊短的球速度不快,但是大大缩短了对方两次击球的时间间隔,同样是快。

“准”:击球的命中率和稳定性是制胜的特征。什么球都抢着上手打,快而不准,无的放矢,是达不到制胜效果的。

“狠”:不能单纯地理解为击球力量大,而是要让对方击球时感到难受、别扭,不能从容地击球甚至没有对抗的可能,它包含着很多斗智的成分。快而不狠,板头不重,线路单调,落点不刁,同样不能奏效。

“转”:要最大限度地增大旋转强度。旋转很强,球的瞬时转速超过了挥拍撞击球的瞬时加速度,导致球撞拍而失去控制,其结果是乱反弹,最后出界或者下网。就个体而言,制造旋转的能力是有极限的,一旦对方适应后,变化旋转就是制胜的关键了。

“变”:体现战术思维和战术行动,包括击球的快慢节奏变化、力量的轻重变化、路线的斜直变化和落点的长短变化等。第二板球与第一板球不同,才能破坏对方的动作惯性,使其在应变中失误。

第三章 影响击球质量的竞技因素

影响击球质量的竞技因素是弧线、旋转、力量、速度和落点。这些因素相互联系、相互制约,是客观存在并可以变化的,属物理学范畴和技术范畴。如果将五个竞技因素组合在一板球上,并将这板球在对抗中的时空特征和运行状态定义为一种"球性",由五个竞技因素组成的球性变化数量可以理解为无限大。

第一节 弧 线

一、弧线的概念与构成

弧线是球拍给球的作用力和地心引力(空气阻力)共同作用的结果,是球被击出后在空中飞行的轨迹。球从离拍到落台是第一弧线,第一弧线是保证击球命中率的关键。击球时,合适的弧线主要与打出距离(击球点到落台点的直线距离)的长短和弯曲度(通常用弧高来表示,即弧线的最高点与台面的垂直高度)的大小密切相关。最理想的弧线是弧线的最高点在球网上方附近。球落台弹起后在空中飞行的轨迹是第二弧线。(图 3-1)

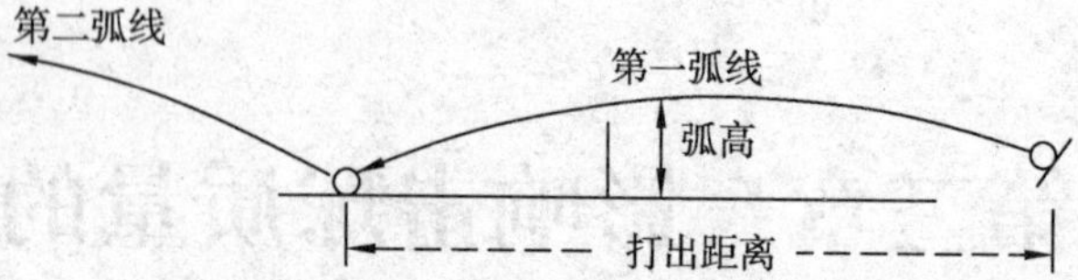

图 3-1　球从离拍到落台弹起的飞行轨迹

二、弧线的作用

（1）合适的弧线保证击球的准确性。任何一次击球都是在命中的基础上提高其威胁性。

（2）变化击球弧线能增强回球的威胁性。许多人能从容还击弧线低的出台球，但对弧线稍高的底线长球却无所适从。

三、影响弧线的因素

1. 球出手的角度和初速度

这是由击球瞬间的拍面角度与击球部位、发力的方向和大小决定的。球出手的方向越偏上，初速度越快，则球的飞行弧度越高。

2. 击球力量的大小

在出手初速度相同的情况下，击球力量越大，球的飞行速度越快，则球的飞行曲度越小，打出距离越短。球拍给球的作用力是撞击力和摩擦力的合力

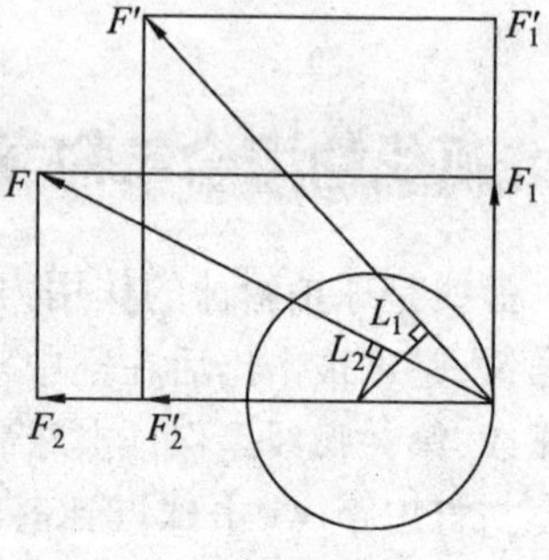

F—合力
F_1—摩擦力
F_2—撞击力
L—力臂

图 3-2　球拍给球的作用力

(图 3-2),因此,摩擦力越大,弧高越大,反之则越小。所以,要保证击球的准确性和适合的弧线,应合理匹配撞击力和摩擦力的比例。

3. 球的旋转性质

球的旋转是影响飞行弧线曲度和打出距离的重要因素,如上旋球能使球的飞行曲度加大,打出距离缩短。

4. 回击不同来球对弧线的要求

回击不同来球对弧线有不同的要求,具体如下:

(1) 回击上旋球时,要压低弧线曲度,缩短打出距离。

(2) 回击下旋球时,要有意识制造弧线,增长打出距离。

(3) 回击底线长球时,弧线的弯曲度要大一点,打出距离适当长一点。

(4) 回击近网球时,应根据不同来球的高低,调节弧线的曲度,控制打出距离。

(5) 击球点越低,回球弧线的曲度应越大,打出距离也越长。

(6) 击球点越高,距网越远,在增大打出距离的同时,要注意制造合适的弧线。

(7) 削球时,应保持较低的弧线。

(8) 发球时,不管什么旋转性质、落点,都应尽量减小弧线的弯曲度。

第二节　旋　转

一、旋转的组成

球的旋转包括旋转性质和旋转强度。旋转性质是可以定性的,习惯上讲有围绕 3 条基本轴旋转的 6 种基本旋转。据张惠钦同志的研究报告,旋转性质在理论上有26种。旋转强度则是个模糊的概念,绝对不转的球很少见,转与不转是相对而言的,通常把旋转速度较小的球叫做不转球,把旋转速度较大的具有明显旋转性质的球叫做转球,把旋转速度大的球叫做加转球。不转到最转(最转可达140~180转/秒),可以在一个区间内伸缩变化。

二、球产生旋转的原因

击球时作用力不通过球心与球的旋转轴心形成一定的垂直距离(见图3-2),偏心力矩不等于零,是球产生旋转的根本原因。旋转强弱取决于作用力的大小和力臂的长短。

三、影响旋转强弱变化的因素

(1) 胶皮的性能,如拉弧圈球,正胶最转可达129.6转/秒,反胶最转可达148.6转/秒。

(2) 技术动作,如拉最转为144.8转/秒,冲最转为151.5转/秒。

(3) 训练水平。有训练和无训练者,制造旋转的能力不同;专业和业余、国家队队员和国家青年队队员之间制造旋转的能力有着明显的差异。

四、旋转的作用

(1) 旋转能遏制对方发挥力量和速度。

(2) 旋转性质的变化越大,对方越难以适应。

(3) 旋转强度的差异越大,对方越难从容回接。

(4) 对某个人而言,制造旋转的能力是有限度的,并不是越转越好,但加转是前提,这样才能显示出相对不转的威胁。

(5) 使用不同性能的球拍(如长胶),高频率地变化旋转性质，让对方接而生畏。

五、乒乓球的三条基本轴及其旋转

1. 左右轴（又称横轴）

绕左右轴向前旋转为上旋球，绕左右轴向后旋转为下旋球（图 3 3）。

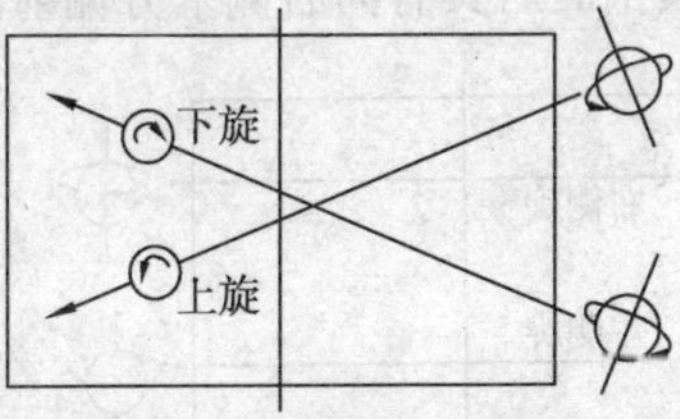

图 3-3　上旋球与下旋球

上旋球在飞行过程中受到的气流侧压力的方向是向下的，因而加快了下落速度，加大了弧线的曲度，缩短了打出距离，减少了球在空中滞留的时间。因此，上旋球速度快、弧线好、命中率高。由于上旋球落台瞬间球体向前滚动的作用，球弹起后速度加快，呈现出较大的前冲力；上旋强度越大，前冲力也就越大；上旋球在触及对方拍面的瞬间向上滚动，具有向上反弹的趋势，对方容易回球过高甚至出界。击球时需适当调整拍形角度（前倾），并增加向下的力量，以抵消上旋球向上反弹的力量。下旋球的情况正好相反，不同的是，速度慢的下旋球（如削球和搓球）在飞行的末期弯度很大，故比较稳健。

2. 上下轴（又称竖轴）

绕上下轴旋转为侧旋球。球开始时向左侧旋转的为左侧旋球，球开始时向右侧旋转的为右侧旋球（图 3-4）。正常情况下，正手发左侧旋球，反手发右侧旋球。

右侧旋球在飞行中受到的气流侧压力的方向是向左的，故在飞行中向左拐弯（以击球者为准界定左右）；右侧旋球落台后向左侧跳动，球弹起后稍向左拐；触及对方拍面时，向左侧偏射。在回击右侧旋球时，拍面要向侧旋球偏射的相反方向倾斜，即向对方的左侧倾斜。左侧旋球的情况正好相反。侧旋转球又分侧上旋和侧下旋球,是侧旋球和上旋球或下旋球的合旋转,所以,在飞行中既有侧旋球的特征,又有上旋或下旋球的特征。例如,右侧下旋球在触及拍面后具有向右侧下方偏射的能力。

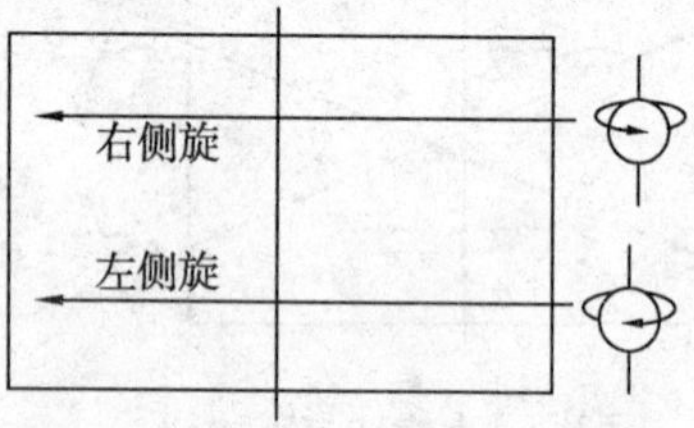

图 3-4　左侧旋球与右侧旋球

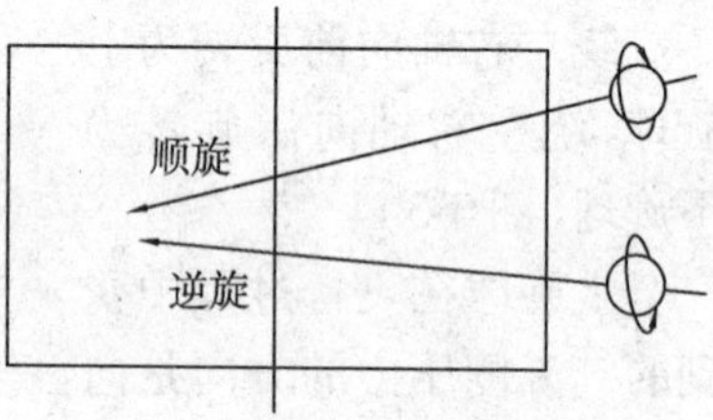

图 3-5　顺旋球与逆旋球

3. 前后轴(又称纵轴)

球绕前后轴按顺时针方向旋转的为顺旋球,按逆时针方向旋转的为逆旋球(图 3-5)。

在实际击球中,侧旋球常带有顺旋或逆旋的成分。由于球拍击球的中下部或底部,所以球落台弹起后明显向一侧跳动,顺旋球向右侧跳动,逆旋球向左侧跳动。例如,高抛发左侧旋球,击球的部位比较低,球落台后弹起向右拐弯的现象很明显。

六、增强旋转的方法

球的旋转强度(球的转动快慢),主要取决于球的角加速度,它的大小与球拍给予球的摩擦力大小以及球拍摩擦球的时间长短成正比;与球体的转动惯量成反比,40 毫米球的转动惯量比 38 毫米球相对增大,故旋转强度相应减小。

(1) 加大挥拍击球的力量,最大限度地加快挥拍速度和击球瞬时的加速度。触球前,用力肌肉充分放松,击球时肌肉作爆发式收缩,使球拍产生较大的加速度。同时,注意发力的顺序,把力量集中在触球的一瞬间。在发球时,专业和业余选手的差异非常明显。

(2) 击球时,使球拍摆速方向远离球心,适当加长力臂,增大摩擦力。球拍给球的撞击力越大,摩擦力越大。

(3) 选用粘性大(即摩擦系数大)的胶皮和弹性适中的球拍。以旋转为主打法者不宜用弹性很大的球拍。

(4) 用球拍线速度较大的部位击球,适当增大球拍摩擦球的距离。如正手发下旋球时,应用球拍的远端偏左的部位触球。

(5) 用向内的摆动弧线击球,可延长球拍摩擦球的作用时间,增大摩擦球体的面积,加强旋转。我国运动员一直坚持用向内摆动的弧线击球。

(6) 有效利用来球的速度和来球的旋转。高抛发球就是利用了球下落时的末速度对球拍形成的正压力避免球在球拍上打滑,使球拍有可能击球的后下部,发出的球具有侧跳现象。在一定程度上还可以利用来球的旋转来增强回球的旋转。

第三节 力 量

一、击球力量的力学原理

力是物体产生加速度的原因,球拍给球的作用力大小与球拍的加速度成正比。在球的质量不变和球拍重量不变的情况下,击球的力量大小,主要取决于击球瞬间的挥拍速度,所以击球的力量是速度性力量。力量是速度和旋转的基础,改用 40 毫米大球以后,力量的作用明显提高。专项力量是完成运动技能的必要条件,是体能训练的主要内容。以前臂为主的发力方式已不能适应打大球和中远台的对抗,初学者应该注意这些问题。

二、击球力量大的作用

（1）击球力量大，球向前飞的速度就快，只能凭经验估计它的落点和飞行的时间，如果对手训练水平不够或经验不足，则容易造成判断失误。

（2）击球力量大，缩短了对方准备击球的时间，迫使对方必须迅速动作，导致其回球质量的降低，甚至直接失误。

（3）击球力量大，增大了球对球拍的正压力，亦增加了对方调节板形的难度。

三、增大击球力量的方法

（1）适当加大引拍的距离和击球动作的半径。

（2）整个动作的用力方向应尽量同一，避免反方向的分力，如攻球发力时上体后仰，拉球发力时屈膝下蹲等。

（3）保持较快的挥拍速度。

（4）掌握好发力击球的时机，在挥拍加速度达到最大值时触球。

（5）全身各有关肌肉群协调用力，掌握好发力的顺序，充分发挥腿、腰、臂的力量，有效地利用各个关节（支点）的加速作用，完成大关节向小关节的力量传递和合成。

（6）击球前后，使参与用力的肌肉尽量放松，保持适宜的肌肉初长度。

（7）经常进行速度性力量的练习，形成正确的发力方法。

四、调节力量的方法

（1）发力，即击球者肌肉收缩，用力挥拍击球。

（2）借力，也就是借对方来球的力量回击球，即封住来球路线,控制好拍形角度,借助来球撞击球拍的反弹力量。用这种方法打出的球速度快,常常使对方措手不及,从而以巧取胜。

(3) 减力,在球拍触球瞬间,向后引拍缓冲来球的前冲力。

五、击球力量的具体运用

(1) 你重我重,以力量克制对方,如对攻、对拉等。

(2) 你轻我重,抓住机会,用力扣杀。

(3) 你重我轻,不是每板球都能发力打的,借力还击不失为上策。

(4) 你轻我轻,不让对方借力还击,应以控制落点为主。

(5) 轻重结合,在相持中变化击球力量和击球节奏,制造发力机会。

第四节　速　度

一、速度的理论框架与分析

物理学中,速度是一个可变量,即物体通过某路程的时间越短,速度越快。经测试研究,发力攻球的最大速度可达 19 ~ 25 米/秒。当甲方击出的球落到对方台面弹起后,乙方经过一定的准备击球时间,运用某种技术动作将球还击的间隙在 0.16 ~ 0.4 秒之间。因此,提高球速的根本目的是让对方不能从容还击,导致击球质量下降或直接失误。一方面,击球者应缩短准备击球所需的时间;另一方面,应缩短球在空中飞行的时间。球的飞行速度是由球受到球拍的撞击力产生的,击球力量越大,球的飞行速度就越快,球的飞行时间就越短。但在一般情况下,必须有足够的准备击球时间。即使是这样,对方有充分的时间判断、移动、合理发力,也不一定能收到攻击的实际效果。在实践中,不是每一板球都能发力,也没有必要每一板都发力,如果在球的上升期击球(如快带)或借力还击,把球的力量和速度还给对方,可有效地缩短对方击球的时间间隔。同时,如果能最大限度地缩短打出距离(先底线后近网),常常令对手防不胜防。球的速度快慢是相对的,应采用不同的速度和节奏破坏对方的适应能力,干扰其击球动作。

二、提高击球速度的作用

(1) 增加对手判断落点、旋转的困难。

(2) 不给对方有充足的准备击球时间。

(3) 在相对较慢的击球速度下形成的技术动作难以适应快速的来球,总有跟不上的感觉,匆忙还击导致降低回球质量甚至直接失误。

三、提高击球速度的方法

(1) 提高反应速度、移动速度、单个动作速度和动作间的转换速度。

(2) 提早击球,在上升期击球并缩短打出距离。

(3) 加快击球时的瞬时速度,充分发挥前臂和手腕的爆发力,即在最短的时间内以最大的加速度产生力量。

(4) 加大击球力量,压低飞行弧线,尽可能使作用力线接近球心。

(5) 适当减小击球动作幅度,有效采用"借力"和"借转"还击的方法。

第五节 落 点

一、落点的概念

落点即球的着台点。落点是与台区(图3-6)和击球路线(图3-7)联系在一起的。击球路线是指从击球点到落点之间形成的直线。若干个相对集中的落点形成区域。

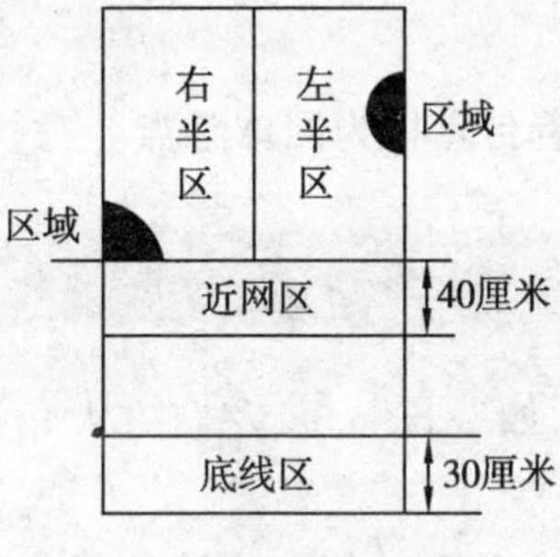

图3-6 乒乓球台区

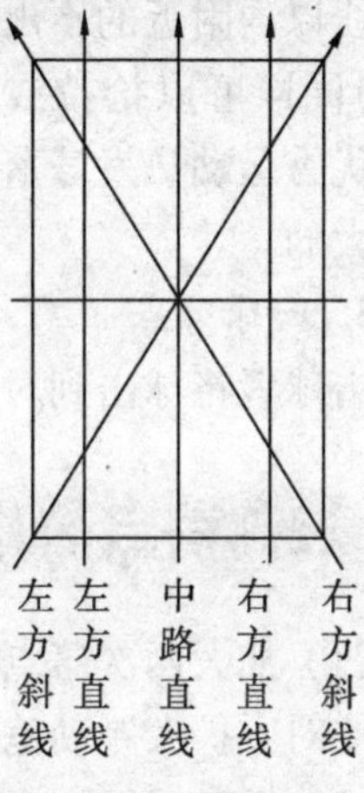

图3-7 击球路线

二、落点的界定

1. 第一落点

发球时,球在本方台面的着台点称为第一落点。它直接影响发球的准确性和发球的质量。如发急球时,第一落点应在底线区;发近网下旋球时,第一落点应在近网区。

2. 来球落点

对方将球击到本方台面的着台点称为来球落点。如果对方来球在本方台面弹起后的下降期末段在端线或边线以内，一般称为不出台球；反之是出台球(图 3-8)。出台球便于先上手，但不出台球不等于短球，在端线以内附近的不出台球或刚过端线的出台球(习惯上称半出台球)同样可以抢拉或抢攻，主要取决于击球者的判断和胆量。许多优秀运动员发球落台后跳 3 下仍未出端线，这种发球的难度是很大的。

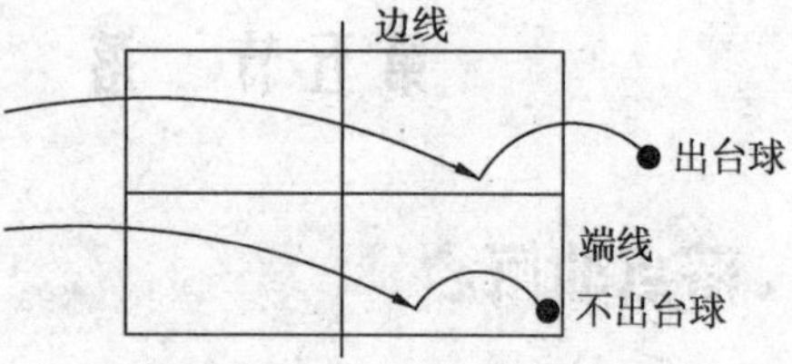

图 3-8　出台球与不出台球

3. 回球落点

击球者将球击到对方台面的着台点称为回球落点。

三、控制落点的作用

(1) 加大两次落点间的距离，如一长一短、左右方大角度等，能迫使对方扩大跑动范围。

(2) 近身球能增大对方让位的难度。例如连续打对方中路，对付横拍打法就很奏效。

(3) 近网短球可增加对方击球的技术难度。

(4) 抓住对方要害，打击对方技术上的弱点。若对方反手弱就打反手，若对方移动速度慢，则长短结合，打出角度，打乱对方的步法。

(5) 声东击西，能使对方判断错误，延误最佳击球时间。如果回球落点与对方判断及步法移动的方向相反，则很容易造成对手被动挨打、疲于奔命的局面。

四、提高控制落点能力的方法

（1）增强打每一板球的落点意识，提高触球瞬间拍形方向、触球部位、击球力量的控制能力。

（2）提高腕关节灵活性，改善手指调节拍形的能力，经常进行变化拍形角度和拍面方向的练习。

（3）在进行各种基本技术练习时，要求按规定的路线将球回击到规定的区域内。

（4）按规定的路线变化进行技术和战术练习，如多点打一点、一点打两点、逢斜变直、拉直扣斜等。

第四章 基本技术

技术是合理的动作方法,是"食谱性"技术。合理的技术动作符合人体解剖结构特征和运动生物力学规律。多个技术环节按特定的顺序组成一个完整的技术动作。技术决定战术和竞技能力。学习和掌握技术是为了在实战中合理有效地运用技术。由于各人对技术动作的理解不同、打法不同、身体素质水平不同等因素,在完成技术动作时,表现出各自不同的特点。因此,不要过分追求动作外形的"标准化",更不必刻意模仿某明星选手的动作方法,应不断提高自身在比赛中合理运用技术的能力。

第一节 握拍法

正确地执握球拍是学习打乒乓球的第一步,许多初学者往往忽视这一点。一旦习惯了自己认为"舒服"的某种握法,要改正过来总觉得别扭,给学习和运用基本技术以及技能的提高带来不利影响。正确地握拍是为了在击球时能够自如地调节和控制球拍拍形。不同的握拍方法形成不同的打法类型,横握打法和直握打法相互竞争、相互促进,丰富了乒乓球运动的文化内涵。目前,横握球拍打法占主导地位。但我国传统的直拍快攻打法在继承的基础上不断创新,同样创造了辉煌。

一、直拍握法

1. 直拍握法的特点

直拍握法的特点：正、反手都用球拍的同一面击球（直拍横打除外），出手速度相对较快；正手攻球快速有力，斜线、直线动作变化小，对方不易判断；手腕、手指的运用空间较宽泛，在发球变化、处理台内小球和近身球方面相对有利。但反手（正面）击球因受人体解剖结构的限制，拍形前倾角度有上限，不宜下压；防守时，照顾面积较小，反手回接弧圈球尤显被动。

直拍握法俗称“钳式握法”（图4-1），即食指自然弯曲，食指的第二指节和拇指的第一指节分别压住球拍的两肩，食指和拇指间的距离适中；其他三指自然弯曲叠放，中指的第一指节的侧面顶在球拍背面约三分之一处的中部，利用拇指、食指和中指三个支点的合力将球拍夹住。

图4-1 直拍握法

直拍握法的关键是拇指和食指用于调整拍形、转换击球方式，其他三个手指则起到辅助和支撑作用，缺一不可。其中，中指是将击球力量作用于球的主要传递者，发力瞬间必须用力顶住球拍，但应注意避免中指顶拍的位置与拇指压拍的位置过于接近，否则会造成两指用力互相抵消，影响手指之间的配合。同时，中指又是协调控制拍形的支点，为了保证握拍用力支点的敏锐，拍柄背面应靠在虎口的食指根部关节上，而不是靠在虎口中间，否则会把拍柄握死而影响灵活性。

2. 直拍握法的种类

（1）直拍快攻握拍法。快攻选手在击球瞬间一般是撞击多、摩擦少，因此灵活地变化拍形角度，敏锐地调整发力方向和发力方法就显得尤为重要。

"大钳式"：握拍时拇指和食指距离较大，这种握拍能有效保证球拍稳定，利用上臂和前臂集中发力，正手中、远台攻球比较有力；但由于握拍比较深，对腕力的运用有一定的影响，处理台内球、加转下旋球、追身球和推挡球稍差。前世界冠军，现广西队教练谢赛克就是这类握法。为了弥补反手推挡拍形前倾不足和正手不易进攻下旋球的弱点，他采用了反手位高手推压和正手正胶拉"小弧圈"的方法，在当时颇有新意。

"小钳式"：握拍时拇指和食指间距离较小，握拍较浅，主要靠拇指和食指的第一个关节压住球拍两肩。这种握拍法多见于传统的两面攻选手中，目前使用一面反胶一面长胶的"倒拍"打法者也都采用这种握法。其优点在于：反胶攻球时，提起前臂后拍头自然朝上，利于反手高压击球；手腕较灵活，易于处理台内球，突击加转下旋球和攻中路追身球比较容易。但这种握法难以高压还击正手位离身球，加之手腕活，拍形不宜稳定，回接旋转强烈的弧圈球比较困难。

（2）直拍弧圈握拍法。20 世纪 80 年代，我国传统的直拍近台快攻打法大胆创新，改正胶为反胶拉弧圈，形成了一种新的打法。

中式直拍弧圈握法：与中式直拍快攻打法握法基本相同，正手拉弧圈时，拍后的中指、无名指和小指略微伸直，以利于击球时较好地保持前倾角度的稳定。

日式直板弧圈握法（图 4-2）：日本、韩国运动员多采用这种握法，即拇指紧贴拍柄左侧，形成一个小环状；正手拉球时，中指和无名指基本伸直，以第一指节握住球拍；反手推挡时，食指向内扣得更深，拇指放松并稍翘起。这种握法使手臂、手腕和球拍几乎连成一线，类似于横拍，从而扩大了右半台的活动范围，加之日式直拍中心多靠拍头,无形中延长了力臂距离(动作半径),正手拉弧圈和扣杀时易于充分发挥手臂的力量。缺点是手腕不够灵活,处理快攻球、台内球、追身球及反手近台球比较困难。从技术发展史上看,这种握拍方式的形成与日本选手早期运用远台长抽的打法密切相关。也有人认为日本乒坛的跌落与握拍方法"一手硬"有关。而韩国运动员金择洙、柳承敏坚持这种握法同样创造了辉煌。

图 4-2　日式直板弧圈握法

(3) 直拍横打握拍法(图 4-3)。直拍横打即回击反手位的来球时使用球拍的另一面击球。握拍时,拇指往里握得深一点,食指移至球拍边缘处,球拍不能握得太紧,后面的其余三指略伸开一些,这样有利于发力及控制拍形。

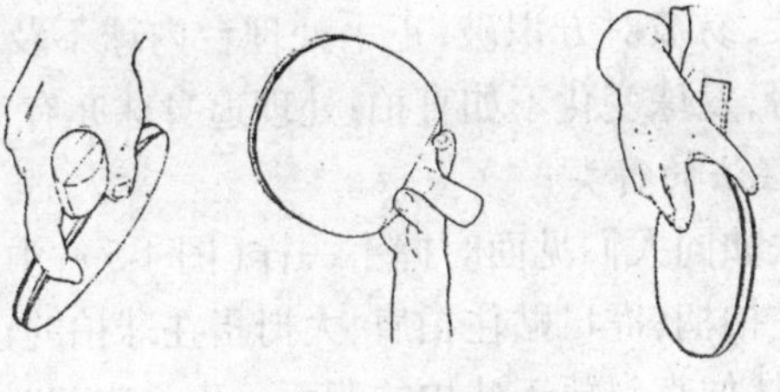

图 4-3　直拍横打握拍法

(4) 直拍削球握拍法(图 4-4)。我国老一辈运动员张燮林使用直拍长胶削球,曾打败了许多世界优秀运动员,被人们戏称"魔术师"。面对旋转强、速度快的弧圈球,直拍削球打法已无力回天,后继无人了。我们介绍这种握法,是希望直拍削球打法不要失传。握拍时大拇指紧贴拍柄左侧,拍后其余四指自然分开,托住球拍;攻球时,食指迅速移到拍前,以第二指节贴住拍柄,拍后三指仍弯曲贴于拍的上端；正手削球时，前臂旋外使球拍后仰；反手削球时，拍后四指灵活地将球拍兜起，使拍柄向下。

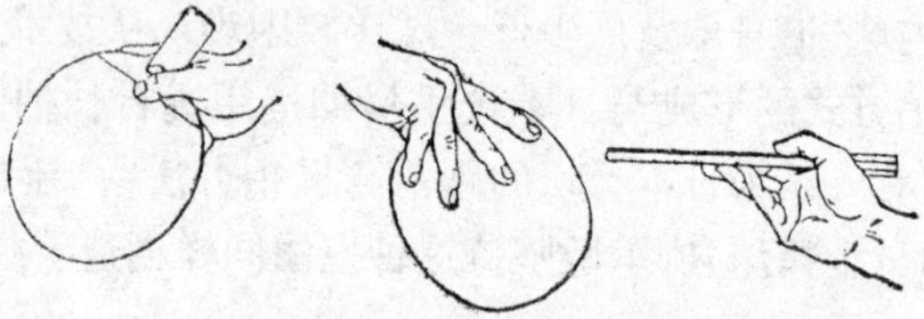

图 4-4　直拍削球握拍法

二、横拍握法

1. 横拍握法的特点

横拍握法的特点：手指、手掌与球拍的接触面积大，因而握拍比较稳定，控球的范围较大；正反手攻球力量大；攻削球时握法变化小；反手攻球容易发力，也便于拉弧圈。但正反手交替击球时，须变换击球拍面，给出手速度带来一定的影响；攻斜、直线时调节拍形的幅度大，易被对方识破，正手处理台内球不及直拍灵活；由于手腕的阻碍，发球变化不如直拍；处理追身球亦有一定的难度。

2. 横拍握法的种类

横拍握法如同人们见面时握手一样（图 4-5），中指、无名指和小指自然握住拍柄，虎口贴住拍肩，大拇指在球拍的正面位于中指旁边，食指自然伸直斜放于球拍的背面。正手攻球时，食指稍向上移压拍，以拇指第一指节作为支点，与中指协调控制拍形并传递击球的力量。反手攻球时以食指根部作支点，拇指稍向上移动，压拍

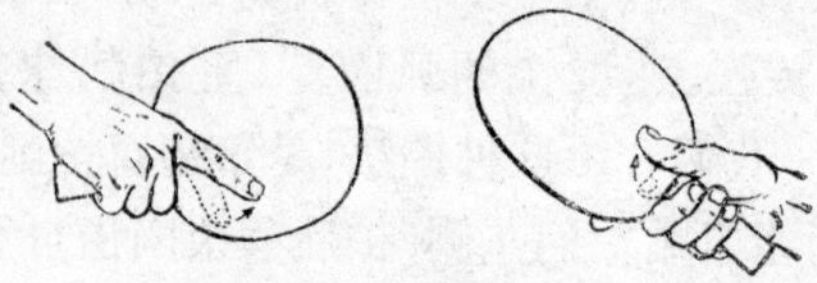

图 4-5　横拍握法

控制拍形并传递击球力量。

(1) 深握(图 4-6)。20 世纪 70 年代以前,防守型(包括攻削结合型)打法是横拍的主流,许多运动员都采用了深握法。这种握法的优势是虎口贴紧球拍,拍形稳定,发力集中,扣杀比较有力;削球时容易控制拍形。但由于虎口贴近球拍,手腕不够灵活,对攻时左右结合的灵活性稍逊;处理台内球和搓、削中路偏右的近网短球较为困难;削转与不转的动作变化易被对方识破。

图 4-6 横拍深握法

(2) 浅握。随着弧圈球技术的出现与迅速发展,采用浅握法已更为普遍。这种握法的好处是虎口轻微贴拍,手腕灵活,处理台内球的手法更加多样化;有利于创造旋转变化;进攻低球较为容易;左右结合更富协调性。

(3) 正手发球的握法。正手发球时,为加大手腕的灵活性和转动幅度(如发逆旋转球),可将原先握住拍柄的中指、无名指和小指挪到球拍的背面,与食指一起托住球拍(类似直拍削球握法),发完球后再迅速还原到正常握法。世界乒坛"常青树"瓦尔德内尔在他 10 岁那年首创了这种握拍方式。目前,德国的波尔及一批横拍打法的运动员发球时都采用这种握拍方式。

三、握拍应注意的问题

(1) 无论哪种握法,握拍都不应过紧或过松。过紧会使手腕僵硬,影响发力时的手腕动作,过松则影响击球的力量和击球的准确性。

(2) 握拍不宜太浅。直握时,食指和拇指构成的钳形不能过大或过小,以免影响手腕动作的灵活性,这可根据个人特点进行微调。

(3) 在变化击球的拍面、调节拍面角度时,要充分利用前臂、手腕、手指的作用。例如,直握球拍正手攻球时前臂旋内,大拇指用力,食指放松;反手推挡时前臂旋外,食指用力,大拇指则放松。

(4) 不应经常变化握拍方法,否则会影响打法类型及风格的形成,尤其是初学者更应注意。

第二节　基本站位和基本姿势

一、基本站位

基本站位是指击球者在击球前相对于球台所处的一个较为固定的位置。严格地讲,基本站位是接发球时的站位。站位应根据不同类型的打法及各自的身体条件来决定,以利发挥其技术和特长。

1. 进攻型打法基本站位

左推右攻打法者站位在近台(离球台端线 50 厘米左右)、中线偏左(图 4-7);两面攻打法者站位在近台、中线附近;弧圈球打法为主者站位在中近台(离球台端线 70 厘米左右)、中线偏左(图 4-8);擅长打相持球或反手实力较强者,可站于中台偏反手一侧。

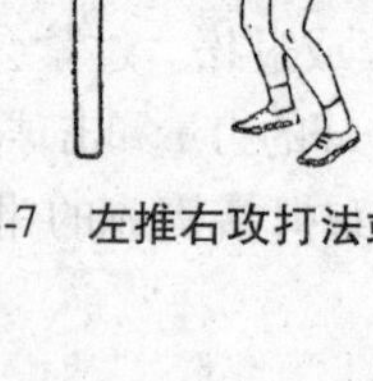

图 4-7　左推右攻打法站位

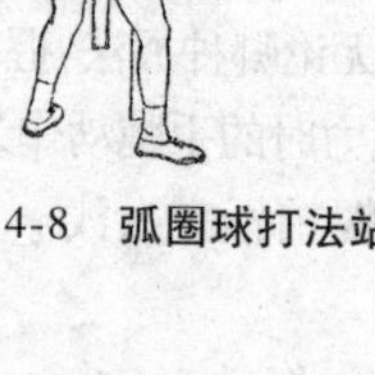

图 4-8　弧圈球打法站位

2. 削球型打法的基本站位

攻削结合打法者站位在中台附近(图 4-9);以削为主打法者站位在中远台附近(离球台端线 100~150 厘米)(图 4-10)。

图 4-9 攻削结合打法站位

图 4-10 以削为主打法站位

二、基本姿势

基本姿势是指击球者在击球前保持的一种相对稳定的姿态,它有利于击球者迅速移动,选择合理的击球位置,有效完成击球动作。每个人的基本姿势因身体条件和技术特点的不同而有所差异。对初学者来说,保持良好的基本姿态是学习技术和提高技能的"通行证"。

正确的基本姿势是:两脚开立与肩同宽或略比肩宽(身高者可稍宽,但不宜超过肩宽的 1.5 倍),身体重心位于两脚间;左脚稍前,右脚稍后;两膝微屈,两脚的前脚掌内侧着地,脚跟略提起;适度含胸收腹,上体稍前倾;两肩基本同高,保持自然放松状态,下颚稍向后收,两眼注视来球;持拍手臂自然弯曲,置于身体右侧,大臂与躯干的夹角成 60 度左右,上臂与前臂的夹角接近 90 度(或前臂与地面接近平行);手腕放松持拍于腹前,离身体约 30~35 厘米(或相当于前臂长的距离);球拍应位于台面水平面之上;非执拍手自然放于腹前,与执拍手基本同高。削球类打法的基本姿势的不同点是身体重心稍低,右脚稍前于左脚,上体前倾较小,执拍手位于体前。

第三节　基本步法

一、步法概述

1. 步法的重要性

有人把击球时手法和步法的关系形容为“乒乓球技术之父与乒乓球技术之母”的关系。日本的长谷川信彦认为“步法是乒乓球运动的生命”，它是及时、准确地使用并衔接各项技术动作的枢纽，亦是执行各项战术的有力保证。前世界冠军郗恩庭认为：“步法能解决你的到位发力和控制，有助于减少失误，特别是提高连续进攻的能力。”每一次击球，几乎都是从移动开始的。许多情况下，回球质量欠佳或者失误，就是因为人—球关系未调整好，而人们却往往去追究手法的责任。步法不同于走路，它的关键在于击球者能在合适的时机，用合适的移动方法，在击球瞬间保持最合适的击球点。能否快速、准确地移动到位，是掌握和发挥技术的基础。步法是指脚步移动的具体方法，正确的步法是快速移动的技术因素，及时起动、移动到位则是心理因素，而蹬地力量的大小又属于身体素质的范畴。因此，步法与移动的快慢和移动的距离既相关又有不同。击球者移动身体是为了获得最佳击球点，而击球点是击球者根据来球的速度、落点等因素，以自己的身体为参照所作的一种瞬时选择。在完成每一次技术动作时，又包含了脚步移动和手臂挥拍击球的动作，是一连串的复杂反应选择，因为人和球处于相对运动之中，速度越快，难度也就越大。韩国选手的步法无疑是最出色的，柳承敏更是佼佼者。由于直拍反胶打法的需要和常年坚持超负荷的下肢训练，以及韩国队独特的训练技巧，柳承敏的起动和对来球的判断比他的教练金择洙更快更准，步法移动也比金择洙更靠近球台，因此，凶狠程度更甚，对对手的压迫性更大。柳承敏和王皓的雅典之战，向人们证明了他的步法是当今世界乒坛最到位的步法。

2. 影响步法移动速度的主要因素

（1）对来球的判断与预测。瓦尔德内尔移动的绝对速度不是很快，但他对来球的判断和预测有过人之处，所以他在击球时一般都能到位。

（2）基本姿势正确，有利于脚步的快速移动；反之，则影响起动和移动速度，如上体直立、挺腹、开立过大等均影响移动速度。同时，每次击球后应尽量还原成基本姿势，以利于下一次的移动。

（3）两脚蹬地力量大，身体移动的速度就快；反之，则慢。

（4）重心的转换与腰的配合。及时转换重心是步法移动中的重要环节，没有腰部转动的配合，快速完成重心转换是做不到的。

3. 对步法的基本要求

（1）用最经济快速的方法，移动到合适的位置。

（2）在移动过程中尽量保持身体重心的平稳，不宜有过大的起伏。

（3）移动是为了击球，不能顾脚不顾手，手忙脚乱。

（4）在击球瞬间，整个身体应保持协调稳定，尽力做到面对来球。

二、基本步法

1. 单步

（1）移动方法。以一只脚向前、后、左、右不同方向移动，身体重心随之落在移动脚上（图 4-11）。

（2）特点。移步简单、灵活，重心转换比较平稳，一般在来球角度不大的情况下采用。

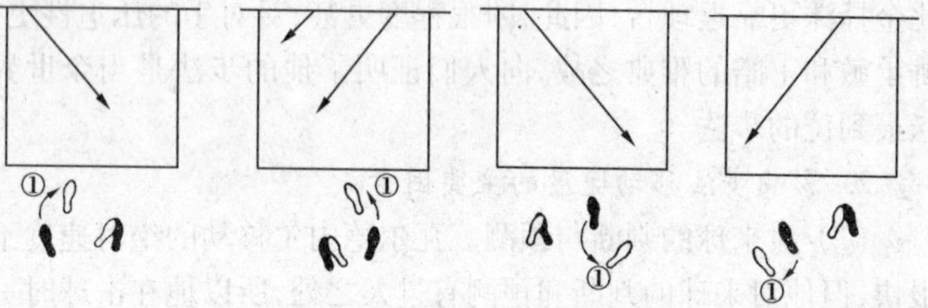

图 4-11　单步移动方法

（3）实际运用。① 接近网短球；② 削追身球；③ 单步侧身攻——在来球落点位于中线稍偏左、对推中侧身突袭直线及对搓中提拉球时常用。

2. 跨步

（1）移动方法。一脚蹬地，另一脚向移动方向跨一大步，蹬地脚随后跟上半步或一小步，身体重心即移到跨步脚上（图 4-12）。

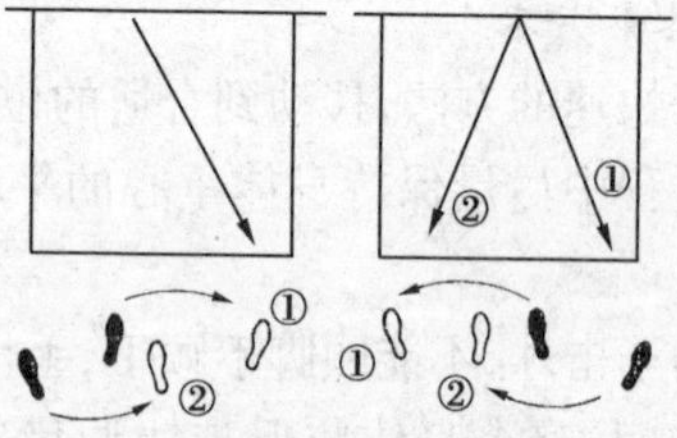

图 4-12　跨步移动方法

（2）特点。移动速度快，比单步移动范围大，适于打借力球，但不适于自己发力。

（3）实际运用。① 近台快攻打法，用来对付离身体稍远的来球；② 削球打法，左右移动击球；③ 跨步侧身攻，当来球速度较慢，但离身体稍远时，左脚向左前上方跨一大步，右脚随即跟上一小步，同时配合腰部右转动作，完成侧身移动。

3. 并步

（1）移动方法。一脚先向另一脚并半步或一小步，另一脚在并步脚落地后随即向来球方向移动一步。

(2) 特点。身体不腾空,重心较稳定;移动范围较单步大。

(3) 实际运用。① 快攻选手在左右移动中攻或拉球;② 削球选手正反手削球;③ 并步侧身攻,多用于拉削球,右脚先向左脚后并一小步,以便转体,随之左脚向左侧前跨一步。

4. 跳步

(1) 移动方法。以来球异侧脚用力蹬地,两脚同时离地向来球方向跳动,在空中完成转腰动作和引拍动作(图 4-13)。

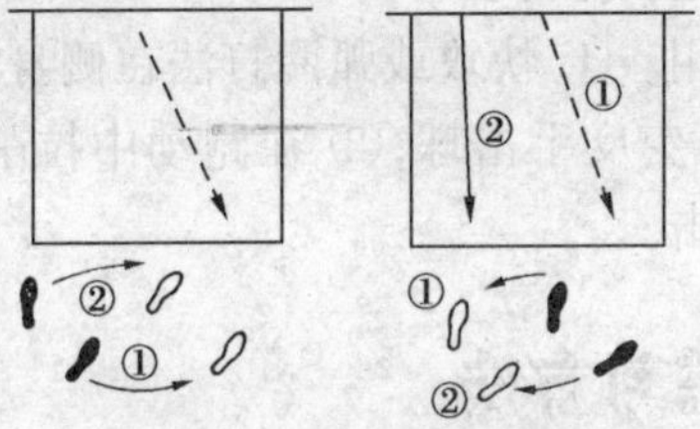

图 4-13　跳步移动方法

(2) 特点。移动范围比跨步大,有利于发力,但有短暂的腾空时间,对于保持身体重心的稳定有一定的影响,可用膝关节和踝关节的缓冲来减小重心的起伏。

(3) 实际运用。① 快攻选手左右移动击球,常与跨步结合起来使用;② 弧圈类打法由中台向左右移动时常用;③ 跳步侧身攻或拉,但在空中需完成转腰动作;④ 削球选手在接突击球时常采用,但以小跳步来调整站位用得较多。

5. 交叉步

(1) 移动方法。以靠近来球方向的脚作为支撑脚,该脚的脚尖调整指向移动方向,远离来球方向的脚在体前交叉,向来球方向跨出一大步,身体随之向来球方向转动,支撑脚跟着向来球方向再迈一步,这是前交叉步。后交叉步是在体后完成交叉动作的(图 4-14)。

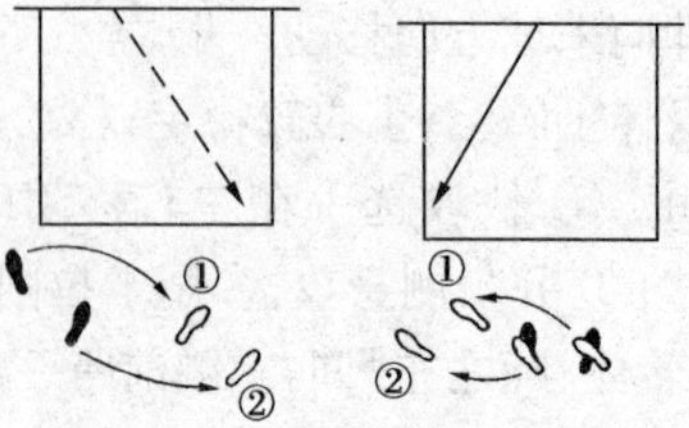

图 4-14　交叉步移动方法

（2）特点。移动的幅度比上面介绍的几种方法都大，主要用来对付离身体较远的来球。

（3）实际运用。① 快攻或弧圈打法在侧身攻、拉后扑打右角空档，或从右大角变反手击球；② 在跑动中拉削球；③ 削球打法接短球或削球突击。

三、步法的练习方法

（1）了解不同步法的移动方法与实际运用。

（2）徒手进行各种步法练习。

（3）结合挥拍动作（手法）进行各种步法练习。

（4）在移动中，进行组合技术的练习。

（5）在台上的对练中进行步法练习，是提高移动能力的主要途径。如以步法为练习重点或者在对练中加强步法与手法的协同等。

（6）采用多球进行各种步法练习，如逐步扩大供球范围，加快供球节奏和加大供球密度等。

（7）结合身体训练进行各种步法练习。

第四节　发球技术

一、发球的特点

发球是乒乓球比赛中每一个回合的开始，但它不像羽毛球、网球、排球那样直接过网发到对方场区，而是必须先落在本方台区再越过或绕过球网装置落到对方台区，因此，发球的力量受到严格的限制。它是乒乓球技术中唯一不受对方限制的技术，可以最大限度地满足自己的愿望和战术意图。例如，现国家队教练刘国梁能用正胶和反胶轮换发球，发球旋转强烈，尤其是正手的侧下旋，而且变化非常多。另外，他在同一种发球中的花样也比较多，能正面发，能背面发，能发出左侧上下旋球和右侧上下旋球，出手隐蔽，落点比较灵活，长短、左右配合小三角区域，给自己的发球抢攻创造了很好的机会。到目前为止，还没有人用正胶和反胶轮换发球达到他的水平。

二、发球在比赛中的作用

（1）直接得分。由于各人的发球方式、旋转、落点变化等不同，因而对对手尤其是初次交锋者总是有威胁的。世界上没有不吃发球的人，世界冠军也不例外。

（2）为抢攻创造条件。发球是发球抢攻战术的组合技术和发动技术，只有通过多变的发球，才能获得主动上手抢攻的机会。

（3）有利于自己技术和特长的发挥。将发球和自己的特长技术串连起来，有利于提高发球抢攻战术的质量和实战能力。

（4）破坏对方的战术意图，造成对方的心理压力。不让对方从容地控制你或轻易接发球抢攻,你一发球他就心虚,不仅仅是技术上的破坏,更是心理上的威胁。

三、发球技术的动作构成

发球技术由抛球和挥拍触球两个动作组成。抛球分为低抛球和高抛球两种方式。挥拍触球时因用力的方向、击球的部位、发力的方法等不同而产生不同旋转性质的球。

四、发球的规定

(1) 发球开始时,球自然地置于不执拍手的手掌上,手掌张开,保持静止。

(2) 发球员须用手将球几乎垂直地向上抛起,不得使球旋转,并使球在离开不执拍手的手掌之后上升不少于16厘米,球下降到被击出前不能碰到任何物体。

(3) 当球从抛起的最高点下降时,发球员方可击球,使球首先触及本方台区,然后越过或绕过球网装置,再触及接发球员的台区。在双打中,球应先后触及发球员和接发球员的右半区。

(4) 从发球开始,到球被击出,球要始终在比赛台面的水平面以上和发球员的端线以外。从接发球方看,球不能被发球员或其双打同伴的身体或他们所穿戴(带)的任何物品挡住,以影响接发球员的视线。球一旦被抛起,发球员的不执拍手臂应立即从球和球网之间的空间移开。球和球网之间的

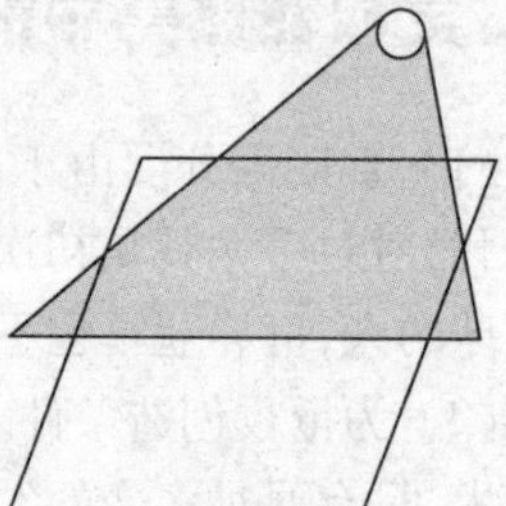

图4-15　球和球网之间的空间

空间由球和球网及其向上的延伸来界定。可以这样理解：该空间是以球网为底边、球和两个网柱边缘点所形成的三角形；由于每次发球时球相对于球网或端线而言所处的位置不同，因而三角形是动态变化的；在球拍触球的瞬间，不执拍手臂必须在三角形左侧边线以外（图 4-15）。

（5）运动员发球时，应让裁判员或副裁判员看清其是否按照合法发球的规定发球。

（6）如果裁判员对运动员的发球合法性有怀疑，在一场比赛中第一次出现时，判重发球，并警告发球方。此后，如果裁判员对该运动员或其双打同伴发球动作的合法性再次怀疑，则判接发球方得 1 分。

（7）无论是第一次还是任何时候，只要发球员明显没有按照合法发球的规定发球，无需警告，就可判接发球方得 1 分。

（8）运动员因身体伤病而不能严格遵守合法发球的某些规定时，可由裁判员作出决定免于执行。

五、常用的发球技术

1. 正手发急球

（1）特点。球速快，落点长，前冲力大，发至对方右大角或中左位置，威胁较大。

（2）方法。右脚稍后，身体稍向右转，右手执拍于身体右侧；球向上抛起后，执拍手随即向右后方引拍，击球时前臂快速由后向左前方挥动，拇指压拍，拍面稍前倾并略向左偏斜，球拍触球的右侧中部，作用力尽量接近球心；击球后，前臂和手腕随势向前挥动（图 4-16）。

图 4-16　正手发急球方法

(3) 要点。① 抛球不宜太高;② 提高击球瞬间的挥拍速度和手腕的爆发力;③ 击球点与网同高或稍低于网;④ 第一落点要在本方台面的端线附近;⑤ 压低弧线,增加打出距离,落点在对方台面的底线区,越靠近端线越有威胁。

2. 反手发急球与发急下旋球

(1) 特点。球速快,弧线低,前冲力大,迫使对方后退接球,有利于抢攻,常与发急下旋球配合使用(图 4-17)。

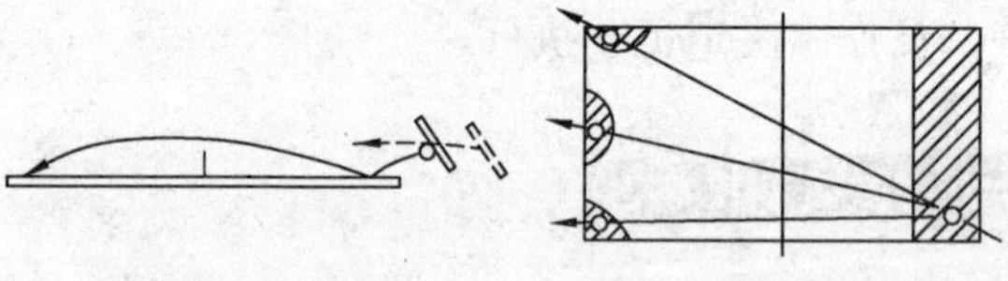

图 4-17　反手发急球与发急下旋球的特点

(2) 方法。右脚稍前,身体稍向左转,右手执拍于身体左侧;击球时,执拍手以肘关节为中心,前臂向右前方横摆发力击球,拍面稍前倾,击球的中上部;击球后,前臂和手腕随势向前挥动(图 4-18)。发急下旋球时,大拇指用力压拍的左侧,使拍面稍后仰;触球前,稍向左后上方用力,拍面触球的中下部;触球瞬间,手腕附加爆发式下切动作。

(3) 要点。① 击球点应在身体的左前侧与网同高或比网稍低,不宜离身体太远;② 关键在触球的瞬间,变换拍形和用力的方向;③ 注意手腕的爆发力;④ 第一落点在本方台区的端线附近。

图 4-18　反手发急球与发急下旋球的方法

3. 正手发转与不转球

(1) 特点　球速较慢,前冲力小,主要用相似的发球动作制造旋转变化去迷惑对方,造成对方接发球失误,为自己抢攻创造机会(图 4-19)。

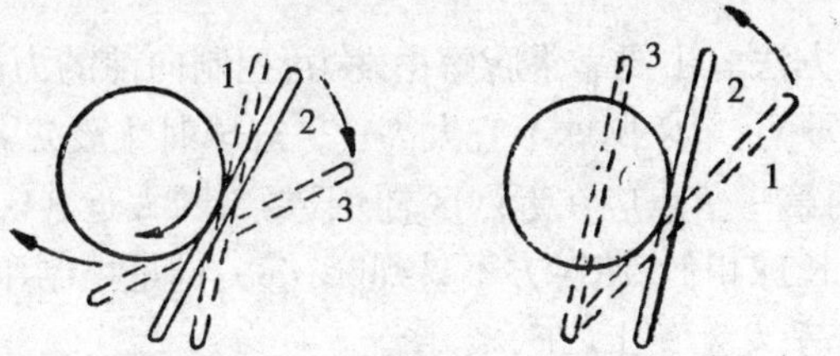

图 4-19　正手发转与不转球的特点

(2) 方法。右脚在后,身体稍向右转,前臂向后上方引拍与肩同高,拍柄朝下(手腕外展),拍面略后仰,击球时前臂快速向前下方挥动并略外旋,手腕内收发力,摩擦球的中下部(图 4-20)。

图 4-20　正手发转与不转球的方法

(3) 要点。① 抛球不宜太高;② 发转球时,拍面稍后仰,用球拍的下方(拇指方向)摩擦球的中下部;发加转球,应注意球拍与球的摩擦距离，同时应注意手臂的前送动作；③ 发不转球时，击球瞬间减小拍面后仰角度，用球拍的上方（食指方向）触球的中部或中上部，增加前推的力量。

4. 发短球

（1）特点。击球动作小，出手快，球落到对方台面后的第二跳不出台，使对方不宜发力抢拉、冲或抢攻（图 4-21）。

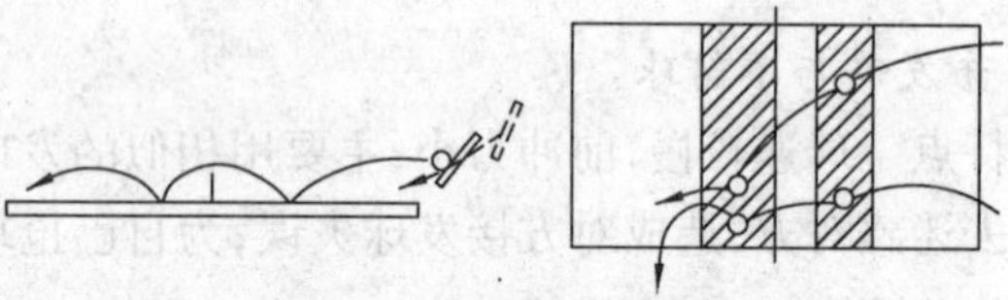

图 4-21 发短球的特点

（2）方法。主要靠手腕摩擦发力，控制向前的力量。

（3）要点。① 抛球不宜太高；② 击球时主要靠手腕的力量；③ 发球的第一落点应在近网区，但不要离网太近；④ 发球动作尽可能与发长球相似，使对方不易判断；⑤关键是控制用力的大小。

5. 正手发左侧上（下）旋球

（1）特点。左侧上（下）旋转力较强，对方挡球时向其右侧上（下）方反弹，一般站在中线偏左或侧身发球。

（2）方法。右脚在后，持拍手向右上方引拍，手腕略外展，拍面稍向左；击球时，手臂带动手腕迅速由右向左挥动（图 4-22）。

图 4-22 正手发左侧上（下）旋球的方法

（3）要点。① 发球时要收腹，击球点不可远离身体；② 尽量加大手臂从右向左挥动的幅度和弧线，以增强侧旋强度；③ 发左侧上旋时，击球瞬间手腕快速内收，球拍从球的正中部向左上方摩擦;④ 发左侧下旋时,拍面稍后仰,球拍从球的中下部向左下方摩擦。

6. 反手发右侧上(下)旋球

(1) 特点。右侧上(下)旋转力强,对方挡住后,向其左侧上(下)反弹。发球落点以左方斜线长球配合中右近网短球为佳。

(2) 方法。右脚在前,身体向左转,持拍手向左上方引拍,拍柄略向下,拍面稍后仰;击球时,前臂带动手腕从左向右挥动(图4-23)。

图 4-23 反手发右侧上(下)旋球的方法

(3) 要点。① 发球时,注意收腹和转腰动作;② 充分利用前臂发力和手腕动作;③ 发右侧上旋球时,击球瞬间球拍从球的中部向右上方摩擦,手腕有一个上勾动作;④ 发右侧下旋球时,拍面稍后仰,击球瞬间球拍从球的中下部向右侧下方摩擦。

7. 下蹲发球

(1) 特点。下蹲发球属于上手类发球,我国运动员早在20世纪50年代就开始使用。横拍选手发下蹲球比直拍选手方便些,直拍选手发球时需变化握拍法,即将食指移放到球拍的背面。下蹲发球可以发出左侧旋球和右侧旋球,在对方不适应的情况下,威胁很大,关键时候发出高质量的球,往往能直接得分。

(2) 方法。抛球后,两膝弯曲成半蹲或深蹲状,同时,球拍上引稍高于肩,拍柄朝下,当球下降到比网稍高时,用力摩擦球(图4-24)。

图 4-24 下蹲发球方法

(3) 要点。① 注意抛球和挥拍击球动作的配合,掌握好击球时间。② 发球动作要利索,球一出手应快速蹬起,以防在还未完全站起时已被对方抢攻。③ 发下蹲右侧上(下)旋球时,左脚稍前,身体略向右偏转,球拍从头部的右侧向右前方作球形挥动。球拍竖直,拍头朝上,从球中部向右前方摩擦为右侧上旋;球拍稍后仰,从球中下部向右侧前下方摩擦为右侧下旋。④ 发下蹲左侧上(下)旋球时,站位稍平,身体基本正对球台,拍面朝前,从右肩侧向左侧前方挥拍,触球后中部,从球中部向左下部摩擦为左侧下旋。⑤ 发左(右)侧旋球时,要特别注意快速做半圆形摩擦球的动作。

8. 正手高抛发球

高抛发球是我国吉林省运动员刘玉成于 1964 年发明的,他的队友,原国家队教练许绍发将这种发球方法发扬光大,曾一度风靡世界乒坛。使用这种发球方法最为出色的是曾获两届世界单打冠军的郭跃华。

(1) 特点。最显著的特点是抛球高,增大了球下降时对拍的正压力,发出的球速度快,冲力大,旋转变化多,着台后拐弯飞行。但高抛发球动作复杂,有一定的难度。

(2) 方法。左脚稍前,右脚稍后,两脚与肩同宽,身体与球台端线约成 60 度角,抛球前持球手臂微贴身体,稍收腹,球置于掌心,两膝微屈;抛球时,手腕固定,前臂平稳向上直抛,腰和膝同时顺势向上挺伸,重心在左脚上;同时,向右后上方引拍,手腕充分外展,挥拍击球时,球拍从右后上方向左前方快速摆动,腕关节内收发力,腰向左转以配合用力(图4-25)。

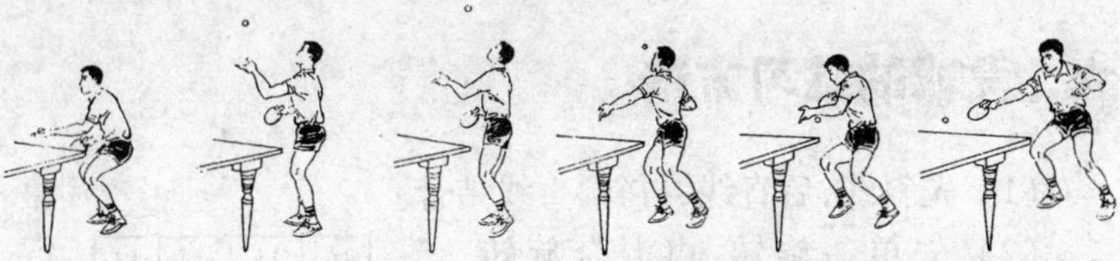

图4-25 正手高抛发球方法

(3) 要点。① 抛球勿离台及身体太远;② 击球点与网同高或比网稍低,在近腰的中右处(15 厘米)为好;③ 尽量加大向内摆动的幅度和弧线;④ 发左侧上(下)旋球与低抛发球同。

9. 正手发逆侧旋球

正常情况下,运动员站在球台偏左或侧身位,正手发出的球是左侧旋球。如果能用相同的动作发出右侧旋球则称之为"逆侧旋"。事实上,这种发球源于我国正手高抛发球。20 世纪 80 年代后,瑞典选手瓦尔德内尔把这种本利于直拍的发球移植于欧洲的横拍,其质量青出于蓝而胜于蓝。德国的波尔、奥地利的施拉格发逆侧旋球非常出色。

(1) 特点。发球时,当球拍从右向左挥动时不与球体接触,而是从左向右回摆时摩擦球,使球产生右侧旋(与反手发右侧旋球类同)。这种以球拍向左或右挥动而发出截然不同旋转方向的球,常常能迷惑对方,效果极佳。

(2) 方法。球向上抛起的同时,身体重心随之提高,执拍手向右后上方引拍,手腕充分外展;当球从高点朝下落时,执拍手臂带动球拍从右后上方沿身体向左摆动,手腕快速内收;在触球瞬间,伴随身体重心的降低,收腹和转动腰部,前臂从左向右回摆,手腕借助内收的惯性加速外展摩擦球体。

(3) 要点。① 触球前的预摆动作要有一定的幅度；② 肘关节尽量靠近身体；③ 充分利用执拍手臂的鞭打动作，将力量集中在触球的瞬间；④ 手腕的动作顺序是外展→内收→外展。

六、发球的练习方法

(1) 先斜线，后直线，再斜、直线结合。

(2) 先单一旋转，再混合旋转（如先上下旋，再侧上、侧下旋）。

(3) 先长后短，再长短结合（长球落点接近端线，短球落台后跳起两至三次仍不出台）。

(4) 先不定点，再定点。

(5) 向特定的区域发球（图 4-26）。

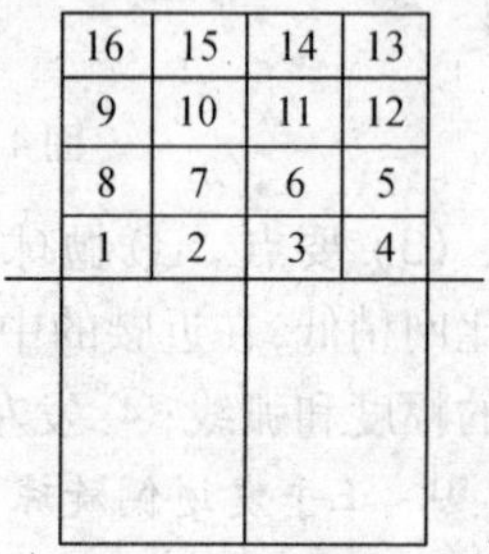

图 4-26　发球至特定的区域

(6) 发球速度先慢后快。

(7) 先低抛发球再高抛发球。

第五节　接发球技术

一、接发球技术的特点

接发球是比赛中每一回合的第二板球，也是接发球方还击的第一板球，因而是一项反控制、求主动的技术，同时也是一项综合技术。它不仅要求掌握多种实用的基本技术，具备良好的判断能力和灵活多变的接发球意识，而且还必须贯彻积极主动的指导思想，把接发球与发挥自己的技术特长和战术风格连接起来。例如，刘国梁接发球手段多，威胁大，台内能挑、能摆、能搓、能撇，对侧旋和急下旋长球有拉有攻；能正手，能反手，变化灵活，关键时候胆子大，能交替使用直拍横拉和反手攻球。最重要的一点是他对旋转的本体感觉比较好，手感出众。

二、接发球技术的作用

比赛中，发球和接发球的机会几乎是相等的，接发球水平的高低，也几乎与运动技术水平成正比。高质量的接发球可以破坏对方的发球抢攻，限制对方特长技术的发挥，并可直接为自己的下一板球（第四板球）抢攻和特长技术、战术的发挥创造条件，甚至可以直接得分。接发球不好，不仅会直接失分或给对方以更多的抢攻机会，造成自己被动挨打的局面，而且会因此产生心理上的恐惧感，从而失去信心。

三、接发球的指导思想

无遮挡发球规则的实行，在一定程度上降低了接发球的难度，让你把对方的发球动作看个清清楚楚、明明白白。但接发球仍是被动的，是反控制的第一次较量。

(1) 减少接发球的直接失误，并在此基础上提高接发球的质量。尤其在关键时刻，接发球直接失误容易引起心理上的崩溃。

(2) 不要始终用一种技术接同一发球，否则对方容易适应。改变接发球方式，就是给对方一个新异刺激。

(3) 抓住一切机会接发球抢攻，只要球一出台就抢先上手。使用40毫米大球后，其旋转减弱23%，速度下降13%，弹力减少4.7%，这样，接发球抢攻、抢拉在端线附近的不出台（半出台）球越来越重要，抢攻直接得分的机会显然也增多了。

（4）在实战中，不是每次接发球都能抢上手的，为了不让对方从容发抢，必须学习掌握与运用台内小球技术，即短球控制技术，它主要体现在兼有稳定性和威胁性的接发球上。许多乒乓球爱好者热衷于练"大"技术，而且练得也相当不错，但一到比赛时，接发球落点不好，弧线过高，被对方控制后一筹莫展，无法施展。马琳在短球控制上比较突出，尤其是台内回搓能力强，与正手上手抢冲衔接紧密，花样多，在摆的同时能配合拧、撇、挑打。

（5）如果判断不准，没有把握，建议采用中性接法，这是欧洲运动员对付我国运动员发球的一个有效方法，即不发力、不加转，控制弧线和落点，向对方的中线回接。

四、接发球的判断

判断的正确与否，直接影响接发球的方式和接发球的成败。为了准确判断发球的旋转性质、旋转强度及来球线路和落点，应利用各种信息进行综合分析。

（1）就对方发球时的站位决定自己接发球的站位。例如，对方位于右角用正手发球时，接球者应站在中线偏右处；发球者正手侧身发球时，接球者应站在中线偏左处。

（2）不管对方抛球有多高，不要盯着球看，要盯着对方的发球动作看；不要被对方发球的假动作所欺骗；要识别对方发球时的习惯动作。

（3）观察对方发球前的引拍方向。一般情况下，引拍方向与用力方向相反，引拍方向决定旋转性质。例如，发下旋球时球拍向上引，发左侧旋球时球拍向右引，发急球时球拍向后引等。

（4）观察球拍触球瞬间摩擦球的方向，判断球的旋转性质。例如，球拍从上向下切球，为下旋；球拍从左向右摩擦球，为右侧旋等。

(5) 观察发球时挥臂的动作幅度和手腕用力大小，判断球的落点长短和旋转强弱。挥臂幅度大则落点长，手腕用力大则旋转强。前臂带动手腕主要向斜前方用力，一般是斜线球；手腕由后向前用力，多为直线球。

(6) 根据球在球网上越过的位置判断来球的路线。如对方侧身位正手发球，球从中线上方的球网附近越过是斜线；而且，越过处离网柱越近来球角度就越大。如果球从右侧球网越过并几乎与边线平行，则肯定是直线球（图4-27）。

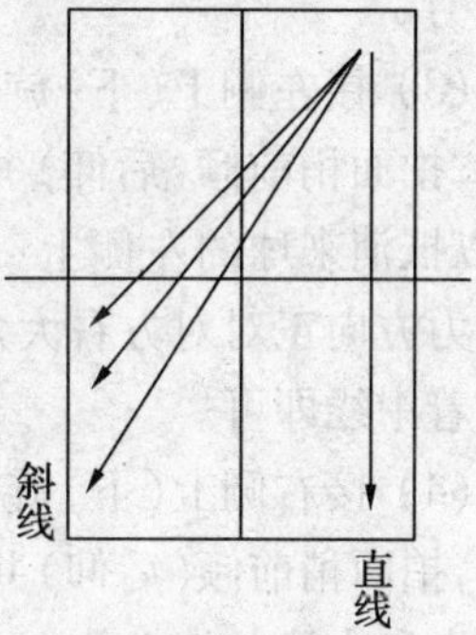

图 4-27　接发球者判断来球的路线

(7) 根据发球的第一落点判断来球的长短。发球的第一落点靠近发球方的端线一般是长球，靠近球网为短球。

(8) 根据球在空中的飞行弧线判断旋转球。下旋球运行轨迹弯曲度小，速度慢；上旋球在空中运行轨迹弯曲度较大，速度快，着台后有一定的冲力。

(9) 根据手感判断来球的旋转。在球拍触球的瞬间，如果手感到球对拍的压力很小并伴有向下的滑动感，则是下旋球；如果压力很大，前冲力较强，则是上旋球。

(10) 记住不同性能球拍的颜色及各自的性能。

五、接发球技术的具体运用

(1) 接上旋球（急球）。正反手攻球或推挡回接，拍面适当前倾，击球的中上部，调节好向前的力量。

(2) 接下旋长球。用搓球、削球、提拉球回接，搓或削时多向前用力。

(3) 接左侧上(下)旋球。可采用攻球和推挡(搓球或拉球)回接,拍面稍前倾(后仰)并略向左偏斜,击球偏右中上(中下)部位,以抵消来球的左侧上(下)旋力。如果把球回到对方的右角,则发力方向正对对方右大角;如果把球回到对方左大角,则发力方向对着中线即可。

(4) 接右侧上(下)旋球。可采用攻球或推挡(搓球或拉球)回击,拍面稍前倾(后仰)并向右偏斜,击球偏左中上(下)部位;回接要点和方法与接左侧上(下)旋球相同。

(5) 接近网短球。用快搓、快点或台内突击回接,主要靠手腕和前臂的力量。

(6) 接转与不转球。在判断不准的情况下可轻轻地托一板或撇一板,但要注意弧线和落点。

(7) 接不同性能球拍的发球。长胶、生胶的发球基本属不转球,用相应的方法回接。

(8) 接高抛发球。如果球着台后拐弯的程度大,应向拐弯方向提前引拍。

六、接发球新技术解释

近年来,世界乒坛出现了一些新的接发球技术,现介绍如下。

(1) 拨。用于反手位回接上旋、侧上旋及不转球。准备接球时,拍面略垂直;触球时,将球拨起后向前下方用力;根据来球的旋转强弱和拨球落点,适当调整拍形和用力方向。

(2) 摆短。它是回接正、反手位下旋或侧下旋短球的主要技术。在不具备接发球抢攻的条件下,为了制约对方发球抢攻,常运用快摆短球技术。为了使该技术的运用更具隐蔽性,摆短动作与挑点动作相同,触球时,突然调整拍形,快速向前下方摩擦用力。

摆短的关键是“短”，要有控制手腕的能力。

(3) 挑。在回接正、反手位近网短球时，欲抢拉，落点太近网又不够条件，而用搓、摆回接又显得保守、被动，这时可用快速挑接方法回接，变被动为主动，抢先上手，制约对方的发球抢攻。由于出手速度快，落点变化大，突然性强，往往可以直接得分。在双打比赛中，挑接使用率提高。在触球时，以前臂和手腕向前上方摩擦用力为主。

(4) 点。点球技术是攻球的一种变革。在接发球时，对旋转不是太强，落点不是太别扭的台内球或半出台球使用点球，具有突然、快速的特征。点球动作幅度小，多以手腕快速爆发力为主。

(5) 挤。它是回接反手位侧旋或侧上旋的技术动作，是推、搓技术的结合。触球时，拍面稍后仰，与台面约成45度角，向前下方切挤用力，根据来球的旋转强弱和回挤的落点，及时调整拍形和用力方向。挤接过去的球飞行弧线偏低，并产生下沉。

(6) 劈。也称“劈长”，接短球时，发力搓对方底线长球，常给对方非常“顶”的感觉。该技术具有击球点高、力量大、弧线“飘”的特点。击球时，拍面稍竖起，在来球的高点期触球的中部并向中下部摩擦，以前臂为主，直接向下方用力，同时，给球一定的撞击力。

(7) 拱。它是搓、推、挡、拨等技术动作的融合。长胶打法运用该方法接发球或相持，常常给对方非常难受的感觉。

(8) 撇侧。它由滑板技术与搓球技术灵活、巧妙结合而成，多用于回接正手位或反手位台内球，可造成对方判断失误而产生出其不意的效果。在触球时，手腕突然调控拍面方向而改变回接路线，触球的中下部，向左侧方或右侧方滑板用力。

(9) 拧搓。它是搓球技术的升华，多用于回接正手位或反手位台内球，在对搓中可以扰乱对方。击球时，在球拍触球后向前下方摩擦用力的同时，手腕控制拍形，增加向左或右的扭力，从而使回球突然改变方向,并产生侧拐。

(10) 晃接。它是利用身体虚晃使对方造成判断失误,以达到提高回接质量的目的。晃接技术对运动员自身能力的要求很高,只有在熟练、流畅地掌握各种接发球技术的基础上,才能逼真地做出虚晃动作,诱骗对方误入歧途,然后,再向对方身体移动的反方向回接。瓦尔德内尔率先运用侧身上手晃接斜线技术,配合挑、搓直线等接发球手段,掌握了大多数接发球的主动权。

第六节　推挡球技术

一、推挡球技术的特点

反手推挡球是我国直拍快攻传统打法的主要基本技术,它的特点是站位近、动作小、速度快、变化多。"推挡"最初是挡球,它在木板时代是一项重要技术。由于胶皮拍、海绵拍更利于近台快速推球,故推挡成为我国近台快攻打法的积极手段。20 世纪 50 年代,上海选手刘造时的快推如"喷气飞机";60 年代山西选手周兰荪的高压式推挡咄咄逼人;70 年代郗恩庭的"大力神"推挡宛如泰山压顶;90 年代的蒋澎龙有效借助了自己的身高优势,运用弹击式推挡,力量大,使直拍打法再现雄威。由于他是反胶打法,所以对前冲和加转弧圈球的控制比较好,而且他的推挡稳定性不错。

二、推挡球技术的运用

推挡球是左推右攻打法的必备技术,在比赛中常用快速推压,结合力量、落点、节奏的变化调动对方,为正手攻和侧身抢攻创造条件;在相持中有韧性,能积极防御,具备和对方推数板甚至数十板的能力，不胆怯，动作不变形；要有顶重板的能力和防弧圈球的技术。如果能推下旋和下旋推，则更技高一筹。因此，要练就过硬的推挡球技术，以提高反手位对抗的实力。

三、推挡球的实际运用

（1）加力推反手底线长线或追身球，迫使对方回球质量下降，伺机侧身抢攻（拉）。

（2）加力推和减力挡相结合，打乱对方的击球节奏；要让对方借不到力。

（3）快推控制回球落点。

（4）对推中抢在对方前变线，尤其是对方侧身进攻能力和意识较强时，要善于压反手变直线。

（5）要掌握回接较强上旋球的技术与技巧（许多乒乓球爱好者因没有练习条件，对较强上旋球没有感觉和应对能力）。

四、常用的推挡球技术

1. 挡球

（1）特点与应用。球速快，力量轻，动作较简单，初学者容易掌握。它可以帮助初学者熟悉球性，认识乒乓球的击球规律，提高控制球的能力。

（2）方法。两脚平行站立或右脚稍后，肩关节内收，前臂与台面平行，引拍至身体左前侧，球拍呈半横状，拍面与台面近乎垂直。击球时，前臂前伸近球，在上升期后段触球的中部，借对方来球的反弹力将球挡回，击球后放松还原。

（3）要点。① 挡球是推挡球技术的基础，初学者应形成正确的动作手法；② 引拍时，上臂应靠近身体；③ 前臂前伸近球，手腕和手指调节拍形，食指用力，拇指放松；④ 击球点离身体约前臂长的距离。

2. 快推

(1) 特点与运用。快推的特点是站位近,动作幅度小,借力还击,速度快,线路变化多。适用于回击一般的拉球、推挡球和中等力量的攻球;在相持中能发挥回球速度快的优势,推压两大角或袭击对方空挡,为自己的进攻创造条件。它是推挡球最常用的一项技术。

(2) 方法。两脚平行站立或左脚稍前,身体离台约 50 厘米。引拍时,执拍手肘关节靠近身体,前臂略外旋;击球时前臂主动向前推送,拍面稍前倾,在上升期触球中上部,并配合转腕动作,借力将球推出(图 4-28)。

(3) 要点。① 击球前上臂靠近身体,前臂适当后撤引拍;② 在前臂向前推送的过程中,完成外旋动作;③ 转腕动作不宜过大,关键是时机要恰当。

图 4-28 快推方法

3. 加力推

(1) 特点与运用。回球力量重,速度快,击球点较高,充分发挥手臂的推压力量。比赛中运用加力推可迫使对方离台,使对方陷于被动局面(如侧身正手攻前一板,加力推底线或大角度)。加力推与减力挡搭配使用,能有效地调动对方,获得主动。它适用于对付速度较慢、旋转较弱的上旋球或力量较轻、着台后弹起比网稍高的来球。

(2) 方法。击球前,身体重心升高,前臂上提,球拍后引略高于来球，拍面前倾；击球时，上臂带动前臂用力向前下方推压，在球的上升期后段或最高点时击球的中上部；触球时，手腕相对固定，手指在拍后用力顶拍；在加力推的过程中，腰随手臂的伸展向左转动，身体重心前移；击球后持拍手臂随势伸直（图 4-29）。

图 4-29　加力推方法

（3）要点。① 球拍后撤上引是为了增大用力距离；② 击球点适当离身体远一点；③ 击球时间不宜过早或过迟；④ 要有效地把身体各部分的力集中在击球的一瞬间。

4. 减力挡

（1）特点与运用。回球弧线低，落点短，力量轻。回接对方的大力扣杀或加力推挡时能减弱回球的力量，如与加力推结合运用，可以前后调动对方，是对付中台两面拉或两面攻打法的有效战术。它还常用于接加转弧圈球。

（2）方法。站位与挡球相同，击球前持拍手臂先向前迎球，但球拍触球的瞬间，手臂前移的动作骤然停止，迅速调节好拍面角度，将球拍适度后缩，以缓冲来球的反弹力（图 4-30）。

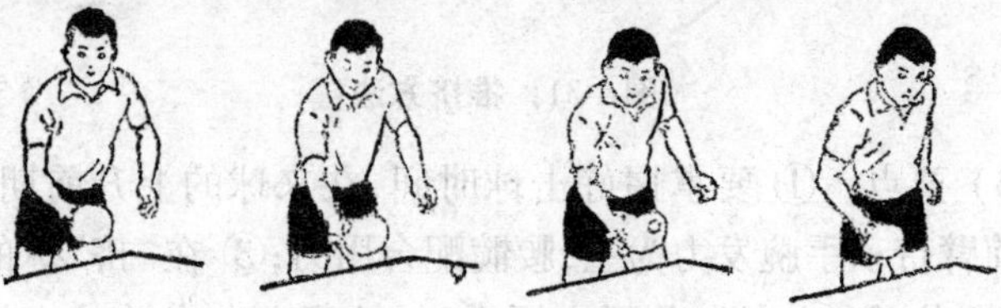

图 4-30　减力挡方法

（3）要点。① 击球前身体重心略升高，稍屈前臂，球拍保持合适的前倾角度；② 触球瞬间，有意识地做手臂和手腕后收的动作；③ 削弱来球反弹力的同时，借来球的力量将球挡过去，回球速度快。

5. 推挤

（1）特点与运用。回球带左侧下旋，弧线低，回击斜线角度大。由于能主动改变旋转性能，变化角度，给对方增加回击的难度。推挤的触球部位是来球的弱旋转区，所以是直拍打法对付弧圈球的一种有效技术。

（2）方法。左脚稍前，身体离台约 40 厘米；引拍时，执拍手臂自然弯曲并作外旋，拍面角度稍前倾，肘关节适当后引；迎球时，前臂带动球拍向左前下方用力挥动，腰开始向左转动；击球时，触球的左侧中上部，手臂和手腕向左前下方用力挤球，同时腰髋向左转动配合发力；击球后，手臂及时放松，随势向左前下方挥动（图 4-31）。

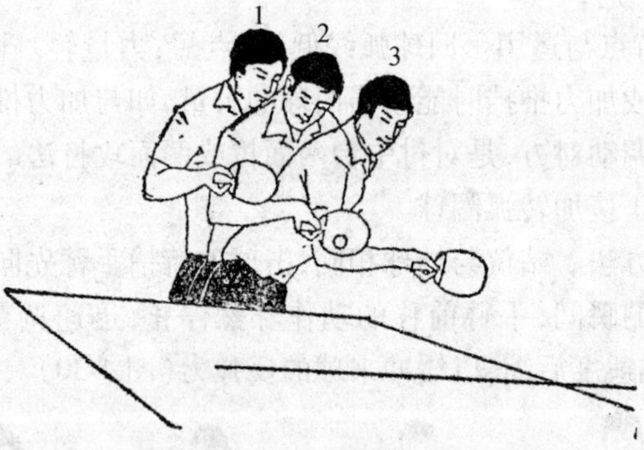

图 4-31　推挤方法

（3）要点。① 要掌握好击球时间，在来球的上升前期击球；② 以前臂带动手腕发力为主，腰髋配合用力；③ 在“挤”球的同时要尽量吸住球；④ 向左前下方用力时，注意调节向前的力量不宜过大。

横拍推挡球的动作方法与直拍基本相同。横拍推挡球时，拍头稍上翘是横拍握拍自然形成的现象，并不是错误的动作。

五、推挡球的练习方法

（1）左方斜线对推练习（图4-32）。

（2）左方直线推挡练习。陪练攻直线（图4-33）。

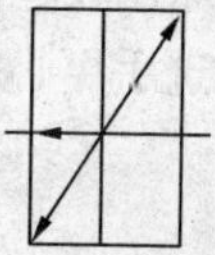

图4-32 左方斜线对推

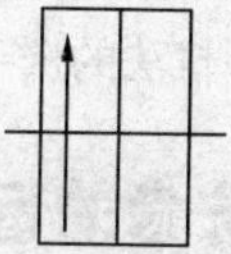

图4-33 左方直线对推

（3）推挡对左推右攻（一点对两点，一斜一直）（图4-34）。

（4）推2/3或全台正手攻练习（图4-35）。

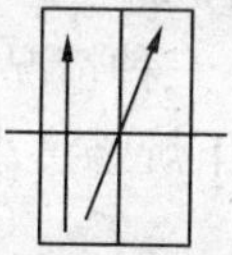

图4-34 推挡对左推右攻

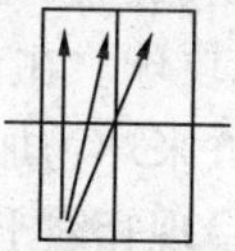

图4-35 推2/3或全台正手攻

（5）左方斜线快推、加力推、减力挡综合练习（图4-36）。

（6）推挡变线练习（图4-37）。

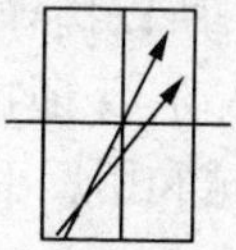

图4-36 左方斜线快推、加力推、减力挡

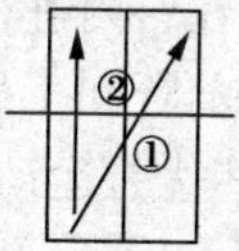

图4-37 推挡变线

（7）推挡回击拉、冲的专门练习。

（8）顶重板的专门练习。

第七节　搓球技术

一、搓球技术的特点

搓球是一项过渡性技术，也是对付下旋球比较稳健、保险的实用技术，任何类型打法的选手都少不了它，削球选手更必须先学会搓球。

二、搓球技术的运用及变化

搓球多用于接发球。在对搓中通过旋转、速度、落点的变化等为自己的抢攻或抢拉创造机会，但不宜搓得过多，相持是相对的，还是要先发制人。在对付削球时，有时采用搓球调整一下，以便下一板拉、冲或攻球。在对搓中，可能出现以下三种情况。

(1) 甲方来球为加转球，乙方搓不转或下旋强度小于甲方，则乙方搓回球呈现相对上旋球。

(2) 甲方来球为不转球，乙方搓加转球，则乙方搓回球呈下旋球。

(3) 双方搓球的旋转程度基本抵消，回球呈相对不转的飘球。

了解对搓球中的这几种变化可以在"软对抗"中掌握主动。搓球多在台内进行，常受到台面的阻碍，所以搓球动作不宜过大，要多用前臂和手腕，并且要做到每球必动，保证搓球的质量。目前，一些优秀运动员能用正手搓左侧旋球和用反手搓右侧旋球。

三、常用的搓球技术

1. 慢搓

(1) 特点与运用。慢搓动作幅度大，在来球的下降期击球，回球速度慢，但有利于增加搓球的旋转强度。慢搓一般适用于回接旋转较强、线路稍长的来球。在对搓中，快慢搓结合起来，可以变化击球节奏，牵制对方。

（2）方法。① 反手慢搓：击球前，执拍手向左上方引拍；击球时，前臂和手腕向前下方用力切球，前臂内旋并配合转腕动作，拍面稍后仰，在球的下降期触球的中下部；击球后，前臂随势前送。横拍搓球时，拍形略竖一些，击球后前臂向右下方挥摆（图 4-38）。② 正手慢搓：左脚稍前，身体稍向右转。击球前，向右上方引拍；击球时，前臂和手腕向左前下方用力，在下降期击球的中下部（图 4-39）。

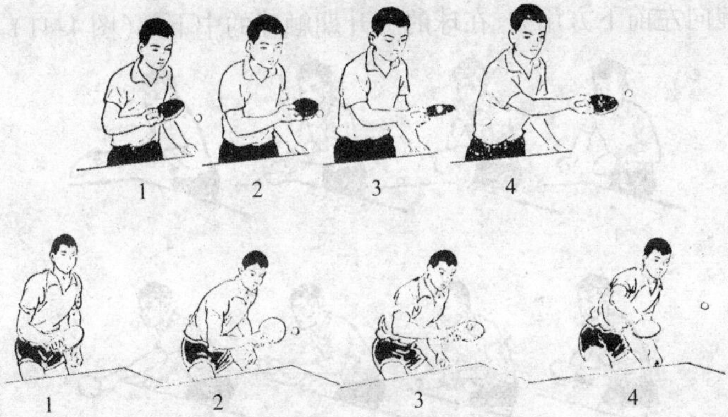

图 4-38 反手慢搓

图 4-39 正手慢搓

（3）要点。① 应根据来球的具体情况，控制好拍面的后仰角度；② 击球时，以前臂用力为主，转腕动作不宜过大；③ 搓加转球时,在向下用力的同时,应增加前送的幅度。

2. 快搓

(1) 特点与运用。动作幅度小,回球速度快,借来球的前进力将球搓回,常用于接发球或削过来的近网下旋球。在对搓中,利用快搓变化击球节奏,缩短对方回球的准备时间。

(2) 方法。① 反手快搓:站位靠近球台,右脚稍前,击球前稍向左前上方引拍,拍面略后仰;击球时,前臂主动前伸迎球,在上升期击球的中下部,触球瞬间手腕向前下方用力(图 4-40)。② 正手快搓:身体稍向右转,并向右上方引拍;击球时,前臂带动手腕向左前下方用力,在球的上升期触球的中下部(图 4-41)。

图 4-40 反手快搓

图 4-41 正手快搓

(3) 要点。① 身体重心前移,身体靠近来球;② 前臂主动前伸插向球的中下部;③ 快搓一般借力还击,若来球下旋弱,可用力下切。

3. 搓转与不转球

(1) 特点与运用。用相似的手法搓出转与不转球(相对而言),使对方判断错误而直接得分,或为抢攻创造条件。在对搓中,把旋转变化与落点变化巧妙地结合起来,可以获得更多的进攻机会,在对付削球时,能使自己从被控制的局面中解脱出来。

(2) 方法。① 搓加转球:手臂和手腕加速向前下方用力,有意识增大球拍触球的面积和摩擦时间;② 搓不转球:调节好后仰角度,将球托出。

(3) 要点。① 加转是前提,转与不转间差异越大越有威力;② 搓加转时,手腕爆发式用力;③ 搓不转时,要注意回球的弧线。

4. 倒拍搓球

(1) 特点与运用。倒拍动作快,用不同性能的拍面击球,完全改变回球的旋转性质,使对方难以适应。常用于对搓中能直接得分或出现机会球时。

(2) 方法与要点。掌握熟练的倒拍技术,选择好换拍面搓球的时机,使对方防而不备,出现失误,并作好下一板球的应变准备。

四、搓球的练习方法

(1) 自己向球台抛球(抛球不宜过高),当球弹起后将球搓过去。

(2) 固定用慢搓或快搓接下旋球。

(3) 单线快慢搓结合。

(4) 搓转与不转球结合。

(5) 搓球变线。

(6) 半台变化落点对搓球。

(7) 对搓中倒拍搓球。

(8) 搓球中长短结合(斜线长、直线短等)。

(9) 正反手搓球结合。

(10)用正反手交替搓下旋球。

第八节　削球技术

一、削球技术的特点

削球是一种防御性技术,但它具有稳健性和积极性两大特点。稳健性表现在击球者离台较远,较多地在球的下降后期击球,此时来球的速度与旋转已经减弱,而且有比较充分的击球准备时间,有利于削球的准确性。积极性主要通过旋转变化和落点变化控制与调动对方,以柔克刚。

二、削球技术的作用

削球随着攻球技术的提高与发展,已摆脱了“消极防御”(稳健)的传统框架,正向着“积极防御+进攻”的方向发展,即用削球限制对方的进攻,用削球为自己的进攻创造条件和机会,用削球使对方被动,甚至失误,造成心理上的恐惧感,再伺机反攻。我国选手丁松给传统的削球打法带来了很多新鲜元素,将反拉、抢攻和削球比较合理地融合在了一起，他在第43届世乒赛上的杰出表现，反映出削球技术富有强大的生命力。韩国选手朱世赫反手使用长胶，削接弧圈球的稳定性更好，他的削攻结合扳倒了一大批进攻型选手，为乒乓球的观赏性提供了有力的佐证。

三、常用的削球技术

1. 远削

(1) 特点与运用。击球动作大，速度慢，弧线长，有利于削转与不转球，有利于以落点变化来牵制对方。常适用于对付对方的扣杀球、弧圈球和提拉球。它是以削为主打法的选手必须掌握的基本技术之一。

(2) 方法。① 正手远削：离台约1.5米站立，左脚稍前，上体稍向右转，重心落在右脚上，击球前手臂自然弯曲，球拍向右上引至肩高；击球时，手臂向左前下方挥动，拍面稍后仰，触球瞬间前臂加速削击球的中下部，同时手腕向下辅助发力；击球后，球拍顺势前送，重心移至左脚（图4-42）。② 反手远削：右脚稍前，上体左转，重心在左脚，手臂自然弯曲，球拍向左上方引至肩高，拍柄朝下；击球时，手臂向前下方挥动，拍面稍后仰，触球瞬间前臂和手腕加速削击球的中下部；击球后，上体向右转，球拍随势挥至身体右侧，重心移至右脚（图4-43）。

图4-42　正手远削

图 4-43　反手远削

（3）要点。① 向上引拍是为了增大削击球的用力距离；② 在下降期击球，但不能过于低于台面；③ 要保持足够的撞击力，否则球不会过网。

2. 近削

（1）特点与运用。动作幅度小，回球速度快，前进力较强，多用于近削逼角，有一定的威胁，往往能获得主动或直接得分。一般用来对付轻拉球和一般的上旋球。

（2）方法。正手近削离台较近，其他同上。触球时前臂用力向左前下方挥击，手腕积极下压，在上升后期或高点期击球的中部或中下部（图 4-44）。反手近削的动作方法则相反（图 4-45）。

（3）要点。① 向上引拍比肩高；② 根据来球的情况调节拍面后仰角度；③ 以前臂发力为主，手腕配合下压，击球后没有前送的动作。

图 4-44　正手近削

图 4-45　反手近削

3. 削突击球和追身球

(1) 削突击球。突击球是对方大力扣杀过来的球,力量大,速度快。尤其是对方发球、搓球、吊短球、拉球后进行的突击,回削的难度很大。所以,必须具有灵活的步法、准确的判断和较好的控制能力。削球时,必须加快和加大手臂上提动作,以便迅速向下压球;触球时,整个手臂从上向左下方用力,向下的力量要大于向前的力量,拍面接近垂直击球的中部不加转腕动作;借助来球的反弹力还击,击球点适当稍前一些(图 4-46)。

图 4-46　削突击球

(2) 削追身球。削追身球因受到身体的阻碍而影响手臂的活动,是一项难度较大的技术。需根据来球的实际情况,迅速移步让位,选用正手或反手削球。削追身偏右的来球,用正手削比较合适。具体方法是：右脚后撤，重心在右脚，上体右转并收腹，上臂靠近身体，前臂向右上方提起；触球时，手臂和手腕向前下方用力，并配合外旋动作使拍面后仰，击球的中下部。削中路偏左的来球，先迅速向右方让位，用反手削球还击。具体方法是：左脚后撤一步，身体左转并收腹，重心在右脚上，同时提踵持拍引至胸前；触球时，前臂向右前下方用力，同时内旋，配合转腕动作使拍面后仰，击球中部或中下部（图4-47）。

图4-47　削追身球

4. 削加转（前冲）弧圈球

（1）特点与运用。削加转弧圈球是削球手必须掌握的一项重要技术。由于加转弧圈球上旋强，弧线曲度大，触拍后向上的反弹力极大，所以削球时击球时间晚，击球点低，处理不好容易回出高球甚至出界，难度较大。

（2）动作方法。首先要根据来球落点的远近，选好合适的击球位置，两脚的间距适当宽一些，两膝的弯曲度也要大一些，以保持身体重心的稳定和发力击球；削击前，手臂自然弯曲并稍外旋，适当加大持拍手向后上方引拍的幅度，保证球拍与击球点之间有足够的加速距离；当球飞近身体时，在球的下降后期击球，手臂发力的顺序是先压后削再送，即先以上臂带动前臂向下用力为主，拍面接近垂直，控制好向前的力量；还可利用弯腰和屈膝来辅助手臂的发力，以增强球的下旋力（图4-48）。前冲弧圈球上旋强，弧线曲度小，前冲力很大。削球时站位较远，击球时间晚，击球点低；在上臂带动下，前臂向前下方用力为主，击球的中部偏下；击球后，手臂顺势向前下方挥动（图4-49）。反手削加转（前冲）弧圈球的动作方法与正手相反。

图4-48　削加转弧圈球

图4-49　削前冲弧圈球

（3）要点。①应在来球的下降后期触球，此时，球的旋转已减弱。②击球点一般选在右腹前为宜，并适当放低些，这样可利用来球部分向上的反弹力形成自然的回球弧线，有利于提高削球的准确性。③球拍触球时，拍面不能过分后仰，应触球的中下部；如果来球旋转较强，可使拍面竖直些，并适当加大手臂向下压球的力量。④触球时，手腕应相对固定，以免回球过高。⑤动作过程中，身体重心从右脚移至左脚；腰、膝的辅助力量不可缺少。

四、削球的练习方法

(1) 正手或反手削斜线、直线。

(2) 正反手削球结合（正手斜线、反手直线，或相反；两条斜线或两条直线；从有规律到无规律等）。

(3) 近削发过来的急球或一般拉球。

(4) 远削与削突击球结合。

(5) 正反手削追身球的专门练习。

(6) 削转与不转球。

(7) 削球与接近网短球结合。

(8) 削球与攻球结合。

(9) 全台前、后、左、右跑动中削球。

(10) 先削加转再削前冲弧圈球。

第九节　攻球技术

一、攻球技术的特点

攻球技术是各种类型打法选手必备的得分手段，是进攻型选手主要的技术，其特点是速度快，力量大，应用范围广，能连续进攻等。尤其是正手攻球，因不受身体的妨碍，可以发挥全身的力量，也能用不同的攻球技术对付不同的来球。因此，正手攻球的水平成了衡量运动员实力的客观依据，并决定其技术风格的形成和发展的前途。

二、攻球技术的作用

攻球技术的主要作用首先是先发制人，谁抢在前面攻，谁先获得主动；其次，攻球技术能灵活处理各种不同来球，能攻时可以发力打，不能抢攻亦可拉一板，可以近台快攻，也能在中远台打相持战；第三，正手攻能侧身运用，弥补反手位进攻能力的不足。

三、常用的攻球技术

1. 正手近台攻球

(1) 特点与运用。站位近台，击球时间早，球的速度快，动作幅度小，是近台快攻打法的主要技术之一。常用于还击正手位的发球、推挡球、一般的上旋球等，使对方措手不及，在对攻中与线路、落点变化相结合，调动对方，伺机扣杀。

(2) 方法。① 直拍：站位靠近球台，右脚稍后，两膝微屈，上体稍前倾，含胸收腹；击球前，引拍至身体右侧，球拍呈半横状，拍面稍前倾，上臂与身体约成60度角，前臂与台面基本平行；击球时手臂由右侧向左前上方挥动，前臂加速内收(手臂与前臂的夹角变小)，拇指压拍，食指放松，击球瞬间配合手腕内转发力，在来球上升期击球的中上部；击球后随势挥拍至头部左侧(图4-50)。② 横拍：手臂和手腕成直线并与台面接近平行，击球时，前臂和手腕稍向前上方用力，其他与直拍攻球相似(图4-51)。

图4-50 直拍正手近台攻球

1　　2　　3　　4

图 4-51　横拍正手近台攻球

(3) 要点。① 充分利用全身协调用力(蹬地、转腰、移重心);② 从前臂发力为主,手腕辅助用力;③ 击球点在身体右前侧(大约前臂的长度);④ 触球瞬间以向前打为主,略带向上摩擦。

2. 正手中远台攻球

(1) 特点与运用。站位稍远,动作幅度大,力量重,进攻性强,但步法移动的范围较大。多用于对攻中,以力量配合落点变化直接得分或为扣杀创造条件,也用于侧身后扑正手打回头;防御时,在相持中寻找机会。削球选手常用此法在削中反攻。

(2) 方法。击球前,身体向右转动,增大向右后引拍的幅度,重心在右脚上;击球时,用力蹬地,转腰,上臂带动前臂和手腕向左前上方发力,击球点离身体稍远一点,在来球下降期击球的中部或稍偏下;击球后,手臂随势挥动,同时上体左转,重心移至左脚(图 4-52)。

1　　2　　3　　4

图 4-52　正手中远台攻球

(3) 要点。① 加大向右后方引拍幅度,这是为了增大击球的动作半径;② 上臂带动前臂发力,上臂向前,前臂和手腕以向上发力为主；③ 身体其他部位的协调用力不可缺少。

3. 正手扣杀

(1) 特点与运用。动作幅度大，力量重，球速快，进攻性强，是得分的重要手段。常用来对付着台后弹起比网高的机会球或前冲力不大的半高球。

(2) 方法。扣杀前，执拍手臂随身体向右转，向右后上方引拍，手臂较充分伸展，并保持球拍与击球点之间有足够的加速距离；当球弹起到最高点时，上臂带动前臂由后向前用力挥击，触球瞬间前臂加速向左前方发力，手腕前转，拍面稍前倾，击球的中上部；击球后，球拍随势挥至胸前，上体左转，重心由后脚移至前脚（图 4-53）。

(3) 要点。① 击球点离身体稍远，球拍应与球同高或略高于来球；② 在高点期击球，不宜打“落地开花”球；③ 击球瞬间，整个手臂应发挥到最大力量，配合腰部转动及蹬地的力量；④ 如果来球带有下旋，则球拍略低于来球，触球瞬间手腕向上抖动发力。

图 4-53　正手扣杀

4. 正手拉球

(1) 特点与运用。站位近，速度快，动作幅度小，线路活，稳健性好，是回击发球、搓球、削球等下旋球的一种必备技术。常用于接发球抢拉和对搓中抢拉；对付削球时稳拉，以落点、弧线和旋转强度的变化，伺机进行突击。

(2) 动作与方法。站位近台，右脚稍后，重心在右脚上；击球前,向右后下方引拍,拍呈半横状,拍面略前倾;击球时,执拍手臂由右后下方向右前上方挥动,前臂快速内收向左上方发力,触球瞬间结合手腕动作向上摩擦球,若来球下旋较强,腰部应向上用力配合,身体重心随球拍的挥动上升;击球后迅速还原,准备下一板再拉或攻球(图 4-54)。

(3) 要点。① 身体重心略下降,右肩稍下沉;② 在球的下降前期击球,不可过于低于台面;③ 触球时应尽量增大摩擦球体的面积和时间。

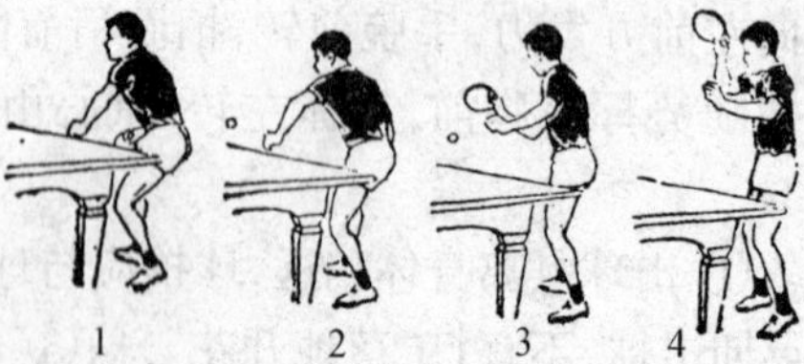

图 4-54 正手拉球

5. 正手台内突击

(1) 特点与运用。站位近,动作幅度小,速度快,突击性强,是处理近网短球的一项重要技术,是我国快攻打法运动员特有的进攻技术。常用于还击弹跳不出台的下旋球,或在对搓中突击起板,或在对付削球时利用这一技术直接得分,或为扣杀创造机会。

(2) 方法。击球前,右脚迅速向右前上方跨出一步,上体稍前倾,贴近球台,同时执拍手臂伸向台内,插到来球下方;待球弹起至最高点时,前臂快收,手腕爆发式用力为主;触球瞬间,手腕有一个明显向上摩擦球的动作,帮助制造弧线和控制落点。

(3) 要点。① 击球前持拍手臂不宜伸得太直;② 用中等力量击球较为合适;③ 应根据来球的旋转性质与强度,调节好拍面角度、击球的部位和发力的方向。

6. 正手杀高球

(1) 特点与运用。动作幅度大,击球点高,力量重,配合落点的运用,能给对方致命的打击,多用于对付弹起较高的来球。

(2) 方法。根据来球落点,迅速选择站位,两脚开立,右脚稍后,身体向右转,执拍手臂向右后方充分拉开;击球时,上臂从上向下挥动,前臂和手腕向前下方发力,拍面前倾,击球的中上部,击球点选择在头与肩之间的高度,整个手臂随腰部的转动有一个类似绕环的动作;击球后,球拍随势挥至身体左侧,重心移至左脚(图4-55)。

图 4-55　正手杀高球

(3) 要点。① 要集中全身的力量于触球的一瞬间;② 击球点适当离身体稍远一点;③ 近网高球只需向下用力,但扣杀落点远、落台后有一定前冲力的高球,应保持足够的向前力量。

7. 反手近台攻球

(1) 特点与运用。站位近,动作幅度小,速度快,突击性强。一般用来回击落点在左半台的来球,与反手推挡、正手攻球结合,能加强进攻能力,取得更多的主动权。但反手攻球因受身体妨碍,攻球力量不如正手大。

(2) 方法。① 直拍反手攻球:两脚平行站立(或右脚稍前),双膝微屈,上体略左侧,引拍至腹前左侧,上臂内收靠近身体,前臂基本与台面平行,拍端略上翘;击球时,随着髋、腰向右的转动,前臂外旋向右前上方挥动,手腕辅助发力,食指用力压拍,使拍面稍前倾,击球的偏左中上部;击球后,随势挥拍至右肩前(图4-56)。

图 4-56　直拍反手攻球

② 横拍反手攻球：击球前，略向左后侧引拍，前臂与手腕几乎成直线，前臂外旋，手腕稍后屈，食指用力控制拍形；击球时，前臂向前右方发力，手腕外转用力，在上升期击球的中上部(图 4-57)。

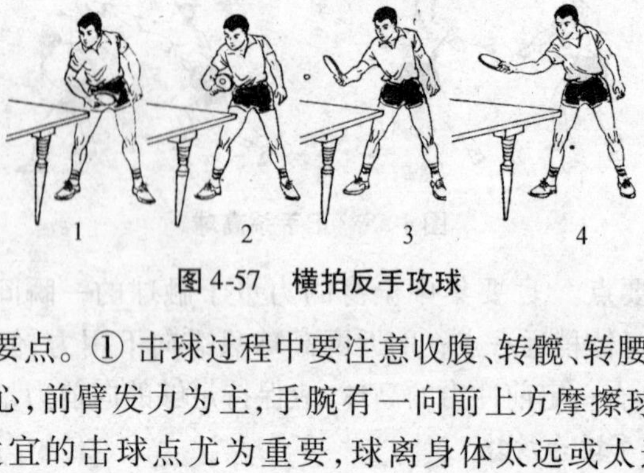

图 4-57　横拍反手攻球

(3) 要点。① 击球过程中要注意收腹、转髋、转腰；② 以肘关节为轴心，前臂发力为主，手腕有一向前上方摩擦球的动作；③ 保持适宜的击球点尤为重要，球离身体太远或太近则难于发力。

8. 反手快拨

(1) 特点与运用。反手快拨是横拍进攻型运动员常用的一项相持性技术，具有站位近、动作小、落点变化多的特点。它主要用来对付弧圈球、直拍推挡或反手攻球，虽有一定的速度，但力量较小，应与侧身攻或反手突击技术等结合运用。

(2) 动作方法。右脚稍前，前臂自然弯曲，将球拍引至腹前偏左处；当球从台面反弹时，前臂带动手腕向右前方挥动，拍形稍前倾，在上升期触球的中上部；击球后，肘略往后，球拍随势挥至右肩前(图4-58)。

图4-58 反手快拨

(3) 要点。① 上臂贴近身体,前臂迅速前伸迎球;② 手腕控制拍面前倾,借来球反弹力将球拨回;③ 掌握好击球时间;④ 注意线路、落点变化,并与突击技术结合运用,为进攻创造条件。

9. 反手快点

(1) 特点与运用。反手快点速度快、线路活,具有突然性,是直拍、横拍两面攻打法的一项重要技术,多用于前三板。如发短球后和接近网短球以及相互摆短时,常用来抢先上手,以争取下一板的进攻机会。以左推右攻为主的运动员,如果能熟练运用反手快点技术,可在前三板中获得更多的主动权。

(2) 动作方法。站位靠近球台,前臂以肘为轴由后向前挥动,以手腕发力为主,控制弧线;调节好球拍拍面角度和触球的部位,变化快点的落点。

(3) 要点。① 左方近网来球,以左脚向左前方上步;中间偏左来球,则以右脚向前上步。② 快点斜线时,球拍触球以中部偏左,由后向前、向右挥动;快点直线时,球拍触球中部,由后向前、向左挥动。③ 重心及时前移,上体贴近球台,以利于在高点期击球。

10. 反手快拉

(1) 特点与运用。反手快拉的特点是站位近,动作幅度小,速度较快,落点变化多,是对付下旋来球的一项重要技术。用它找机会突击,既可加强攻势,又可避免正手空位过大。横拍和直拍的反面快拉丰富了反手位的技术,加快了比赛的节奏,对搓中或对付削球时运用它能争取主动或直接得分。

（2）动作方法。站位较近台，执拍手臂和手腕自然放松，球拍略下垂于来球的下方；击球时，前臂向前加速挥动并向上、向前用力摩擦球体，前臂外旋带动手腕外展，制造弧线，一般在球的上升期或高点期触球的中部或中下部，并以伸膝、腰部上挺辅助发力；击球后，球拍随势挥至额前(图4-59)。

图4-59　反手快拉

（3）要点。① 根据来球的落点、长短，迅速移位。一般多以单步或跨步向左方、左前方或左后方移动，正对来球。② 击球过程中，注意收腹，以增大击球空间。③ 须根据来球的下旋强度，调节摩擦球时用力的大小和弧线的高低。④ 以前臂发力为主。

11. 侧身正手攻球

（1）特点与运用。侧身攻的特点是速度快，力量重，攻势强，它是各种不同类型打法的选手都必须掌握的一项重要技术。侧身攻运用的多少，在很大程度上标志着进攻能力的强弱，尤其对以攻为主、弧圈结合快攻打法的运动员来说，更是如此。侧身攻比正手攻难度大，主要表现为脚步移动的范围大，因而对步法和重心交换的要求较高，并要求善于运用腰部转动帮助侧身和发力。

（2）侧身时机的选择。选择侧身的时机是个非常关键的问题，应注意以下两点：一是不能在对方尚未将球击出时过早侧身，以免对方袭击正手空挡；二是不应过迟侧身或勉强侧身，否则即使侧身了，往往也已失去了最佳击球机会，导致击球质量下降而使自已处于被动挨打的局面。

(3) 侧身攻球的实际运用。① 相持状态下的侧身攻：在对推、对搓或对拉时，为了摆脱相持局面，争取主动，应抢先侧身攻。尤其在来球落点离身体不远的情况下，果断侧身，常常能达到攻其不备的目的。其特点是位移不大，速度快，动作幅度小，对方不易偷袭正手空挡。侧身时应根据来球的角度大小运用移动的方法，来球角度小，以左脚为中心脚，右脚随腰部向右转动而移动到右后方(单步)；来球角度大，左脚先向左前方或左侧方移一步，右脚跟着腰部向右转动(腰部转动的幅度视来球角度而定)而移至右后方，随即进行侧身攻；攻球时，上臂应贴近上身，前臂与台面略平行，快速将球击出后，重心移至左脚。这通常被称为"小侧身"。② 出现机会球时的侧身攻：机会球是对方在迫不得已的情况下，回击过来的比网稍高的球，或是意外情况造成回球偏高的球(如球触网后弹起较高的球)。当出现机会球时，应迅速移动，大力扣杀，争取一板解决战斗。其特点是动作幅度较大，力量重，容易直接得分，对方要回右方空挡也较困难。侧身攻机会球时要依靠腰腹的转动配合发力击球，并在来球的高点期触球。③ 创造机会，主动侧身攻：积极创造有利于侧身的机会，发挥正手攻的威力，是力争主动的上策。发出高质量的球，对推中加力压底线或加大角度、变化击球节奏等，都可能出现有利于侧身攻的时机。侧身攻时应在正确预测和判断的前提下，及时迅速移动到位。否则，会贻误战机而被对方控制局面。

(4) 侧身攻球应注意的问题。① 侧身后，要保持上体与球台的合适角度，既能攻斜线，也能打直线，同时不妨碍下一次击球；② 要有足够的击球空间(收腹)；③ 应尽量避免在移动过程中击球；④ 攻球时要利用右脚蹬地的力量，重心适当前移，前臂稍向前发力。

12. 直拍横打

(1) 特点与运用。直拍横打是用球拍的反面击球。直拍横打技术包含快攻、抢冲、对拉、快撕、反带、台内拉侧旋、台内拉下旋、发球等,能有效增强直拍反手位的进攻能力和防守能力。

(2) 方法。击球前,两腿弯曲,两脚开立稍比肩宽,身体重心放在左脚上,含胸收腹,引拍时的拍头先转向怀里;击球时,脚蹬地,配合腰部力量的运用,身体重心渐次移至右脚;在触球的瞬间,以前臂、手腕用力为主,球拍的拍头从下方开始横向用力,即自然顺着前臂向右前方(顺时针方向)用力,击球后,随势挥拍还原到基本姿势。

(3) 要点。① 对付台内短球,引拍拉手时身体前倾,重心跟上,上肢要靠近身体,高手引拍(高于台面),球拍伸进台内,引拍拉手的幅度根据以肘为支撑点的位置而定;击球的高点期,如果抢不到高点,切记只能过渡,避免盲目发力而导致失误。处理台内球动作要小,主要是把弧线控制好,注意不要向前送得太多,以免造成失误(图4-60)。② 对付出台球,由身体左侧开始引拍,球拍应低于台面,拉手的幅度要比平时大一些,手腕自然放松,拍头朝下,以便造成弧线,增加发力距离。为增大回球的旋转强度,引拍拉手要与重心交换配合好,同时注意腰部力量的运用,击球前手腕要向自己怀里内收一点,应根据来球的旋转变化手腕用力的大小,以保证触球时手腕向前迎的同时用力摩擦球(图4-61)。③ 拉下旋球时,拉手的位置恰好正对身体的中轴线,肩和肘部向前略微伸出一些,以增大手腕力量;拉手时,球拍竖起来,有点吊腕的感觉。肩和肘向前伸出去后,拍形要稍亮一些,前臂向前用力的同时手腕用力摩擦球。对付强下旋球时,手臂向上用力多一些;对付不转球时,手臂向前用力多一些(图4-62)。④ 在被对方抢先上手时,常用反带和反拉。反拉时,拉手动作小,基本上是借对方的力量反拉,来球刚刚弹起就出手(击球的上升期),肘部靠近身体,手和肘的相对位置几乎平行,在“挡”的基础上前臂向前用力加摩擦,借力把速度和旋转打出来(图4-63)。

图 4-60　直拍横打对付台内短球

图 4-61　直拍横打对付出台球

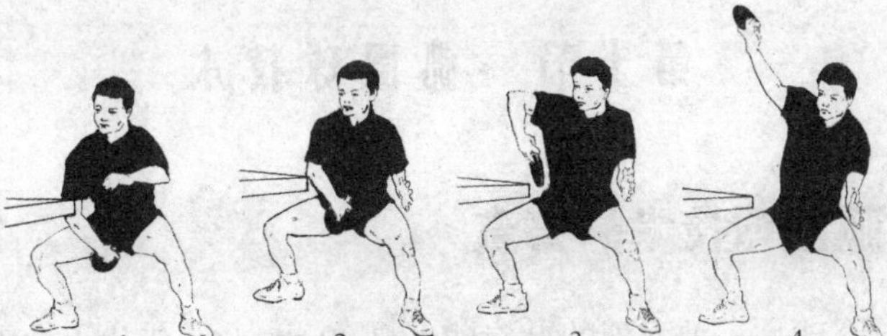

图 4-62　直拍横打拉下旋球

图 4-63　直拍横打反拉球

四、攻球的练习方法

(1) 正手攻斜线、直线。

(2) 2/3 台、全台跑正手攻。

(3) 正手近台、中远台攻球结合。

(4) 正手斜线对攻。

(5) 推挡侧身正手攻球(斜线、直线)。

(6) 正手拉斜线、直线。

(7) 正手拉攻结合(拉斜攻直或拉直攻斜)。

(8) 对搓中正手抢拉或正手突击。

(9) 推→侧身(拉或攻)→扑正手。

(10) 用多球扣杀机会球或杀高球(明确落点变化)。

第十节　弧圈球技术

一、弧圈球技术的特点

弧圈球是一种强烈的上旋球。自20世纪60年代由左手直握球拍的日本大学生中西义治首创以来,已经有了很大的发展,至今已为各国运动员所采用。它的特点是稳健性强,适应性好,威胁性大。

二、弧圈球技术的作用

由于弧圈球把速度和旋转有机地结合起来,尤其是横拍反手也能拉出质量较高的弧圈球,从而使弧圈球能起到扣杀的作用,并有替代扣杀的趋向。不给对方拉球几乎是不可能的,在比赛中,谁抢先上手，谁就取得了这一个回合的主动。欧洲选手吸取中国的快攻和日本的弧圈球技术的长处，形成了有独特风格的横拍弧圈结合快攻和横拍快攻结合弧圈的新型打法，使世界乒坛的格局发生了革命性的变化。

三、弧圈球技术

1. 正手前冲弧圈球

(1) 特点与运用。飞行弧线低，速度快，前冲力强，落台后弹起不高，但急向前冲并向下滑落，能起到与扣杀同样的作用。常用于对付发球、推挡球、搓球以及中等力量的攻球；离台相持时，也可以利用它进行反攻。在实际运用中，步法移动的速度快、范围广。

(2) 方法。两脚开立，右脚稍后，重心稍高放在右脚上，身体向右转，引拍至右后方，球拍与来球同高或稍低于来球，拍面前倾角度较大；击球时，腰部由右向左转动，前臂在上臂带动下向左前方发力为主，手腕略微转动；直拍选手的中指附加一个顶拍动作，横拍选手的食指有一向前甩的动作，在球的上升后期或高点期摩擦球的中上部；击球后，重心移至左脚(图 4-64)。

图 4-64　正手前冲弧圈球

(3) 要点。① 引拍的幅度较大，尽可能增大挥拍的动作半径；② 加快挥拍速度，在球拍达到最大速度时触球；③ 单纯用上肢发力，前冲力不强，因此腿、髋、腰的配合不可缺少；④ 摩擦力大于撞击力，球拍与球的吻合面要合适，防止打滑。

2. 正手加转弧圈球

(1) 特点与运用。飞行弧线高,上旋很强,速度较慢,但着台后向下滑落较快,对方回击容易出高球,甚至出界,可以直接得分或为扣杀争取机会。它是对付削球、搓球和接出台发球的重要技术。另外,由于球出手弧线的弯曲度较大,落到对方台面后迅速下滑,还可以起到变化击球节奏的作用。

(2) 方法。击球前,右脚稍后,身体向右转,重心放在右脚上,右肩稍低于左肩,手臂自然下垂向右后下方引拍,手腕后伸,拍面稍前倾并使拍面固定;击球时,右脚掌内侧蹬地,手臂向前上方挥动,击球瞬间,快速收缩前臂,在下降期击球的中部或中上部,并结合伸膝及腰向左上方转动的力量;击球后,手臂随势挥至前额,重心移至左脚(图 4-65)。

图 4-65 正手加转弧圈球

(3) 要点。① 引拍时,球拍必须低于来球,但不要下沉太多。② 拉球时,执拍手臂由下向上发力,前臂快速收缩;触球瞬间,尽量加长摩擦球体的时间。③ 身体重心随右脚蹬地、转腰、挥臂动作而提高。

3. 反手拉弧圈球

(1) 特点与运用。反手拉弧圈球是横拍握法的优势之一,拉球的速度比正手稍快,但力量和旋转略逊于正手。它可用于发球抢冲、接发球、搓中转拉以及一般的对攻和中台对拉,运用得当,可以直接得分,而且能为正手的冲杀创造机会。

(2) 方法。两脚基本平行,间距略宽于肩,双膝自然弯曲,腰、髋稍向左转,含胸收腹,前臂自然弯曲,引拍动作向左后方划一小弧;击球时,两脚用力蹬地,伸膝,展腹,身体向右转,前臂带动手腕向右前上方发力;触球时,从球的中部向中上部摩擦,用大拇指调节击球的弧线;球出手后,因惯性作用球拍挥至右前侧,手臂迅速放松,还原成基本姿势,准备下一次击球(图4-66)。

图4-66　反手拉弧圈球

(3) 要点。① 击球点不宜离身体太远;② 充分利用肘关节的杠杆作用,先支肘,再收肘,借以增加前臂的挥摆幅度和力量;③ 近台快拉的击球时间为上升后期或高点期,中远台发力拉的击球时间为下降期,但不可过分低于台面;④ 有效利用腰部的转动力量。

四、弧圈球的练习方法

(1) 重复拉发过来的下旋球。

(2) 连续拉削球。

(3) 连续拉推挡球。

(4) 对搓中固定线路拉斜线、直线。

(5) 发球抢拉、抢冲练习。

(6) 拉或冲、扣结合。

(7) 先拉加转弧圈球,再拉前冲弧圈球。

(8) 中远台对拉练习。

(9) 全台跑动中连续拉(多球练习)。

第五章 基本战术

从广义上讲,战术是指技术、意志、智能和素质在比赛中有针对性的综合运用。从狭义上来说,战术是指在比赛中根据对方的打法类型及技术特点而运用的各种技术的原则与方法。也有人认为,合理有效地运用技术就是战术。技术只有通过战术才能得到充分的展现,而战术提出的要求又可促进技术的提高与新技术的诞生。对不同的对手,要根据自己的打法特点有针对性地采取相应的战术。

第一节 发球抢攻战术

发球抢攻是我国直板快攻打法的“杀手锏”,是力争主动、先发制人的主要战术。各种类型打法的运动员都普遍采用发球抢攻战术来强占每个回合的上风。发球抢攻战术运用的效果主要取决于发球的质量和第三板进攻的能力。

一、发球抢攻时的注意点

运用发球抢攻时首先要注意以下几点:

(1) 首先要保证发球的质量,将发球的旋转、速度、落点的变化结合起来,使发球真正为抢攻创造机会和条件。

(2) 注意变化发球的站位、方式等,使对方接发球始终处于不断的适应之中。同一发球,高抛和低抛,斜线和直线、底线长球和近网短球、转与不转等效果不一样。

(3) 提高发球和强攻的对接水平。发球后应预测对方可能采用的接发球方式,以及来球的路线和落点。抢攻应大胆果断,犹豫不决可能会由主动变为被动。抢攻技术好、命中率高,又可以增强发球的威胁,如果对方接发球时心理压力很大,则容易出现失误或给发球方提供抢攻的机会。

(4) 注意发球抢攻和其他战术的配合。如果对方接发球水平好,难以抢攻,应该先控制 板,不让对方轻易上手。例如,如果吃不准来球是否出台,可以先控制一板,争取进入主动相持。处于进退两难的境地而又无过渡球,往往会使自己陷入被动挨打的局面。

二、常用的发球抢攻战术

发球抢攻战术因类型打法不同而有所差异,常用的主要有以下几种。

(1) 正手发转与不转球。以发至对方中路或右近网短球为主,配合发左方长球。先发近网下旋较强的球,以控制对方的抢拉或抢攻,再发不转球伺机抢攻。如果能有效地控制发球落点(似出台又未出台),则效果会更好。

(2) 侧身正手(高抛或低抛)发左侧上(下)旋球。这套发球的落点是左方底线、左方大角度、中路底线,配合右方近网短球和直线奔球。左手执拍者使用该种发球战术给对方造成的威胁更大。

(3) 反手发右侧上(下)旋球。以变化上下旋发球至左方底线后抢攻为主,配合发右方或中路近网短球,这对于横拍选手接发球来说尤其是一个弱区。

(4) 反手发急球或急下旋球。发球至左方底线或中路底线,常用来对付反手推挡能力较差者。

（5）下蹲式发球。可以将左右侧上（下）旋球灵活运用，发至对方的正手或反手。对付习惯用搓球方式接发球者，应以发上旋球为主，抢攻打近身球，这样往往能直接得分。

（6）发逆侧旋球抢攻。这是一种高难度的发球技术，即用形似的动作发出不同旋转性质的球，引诱对手接发球失误或给自己机会进行抢攻。

第二节　接发球战术

在某种意义上讲，接发球水平的高低可以反映一个人的实战能力以及各项基本技术的运用效果。事实上，接发球者只是暂时处在被控制状态，如果接发球者破坏了发球者的抢攻意图或为发球者的发球抢攻制造了障碍，减弱了对方发球抢攻的质量，也就意味着摆脱了被动和被控制状态。主动和被动、控制与反控制是辩证的统一。

一、接发球战术的指导思想

（1）力争积极主动，能拉、能攻的绝不迟疑，尤其要增强用正手侧身接发球的意识和胆量，有时甚至需要一些冒险精神。

（2）尽量用不同技术接发球，如对付下旋球，可以用搓、拉、拱、撇、点、挑等技术，让对手始终处于调整和适应状态。

（3）最大限度地控制对方的发球抢攻，为第四板的抢攻创造机会。

（4）接发球后一旦对方抢攻，要准备打相持球，寻找机会，由被动变主动。

（5）关键时候接发球的战术处理要果断，战术意图要明确。

二、常用的接发球战术

(1) 稳健保守法。相持能力较强者常采用这种接发球战术，以“不吃发球”为宗旨，视对方的旋转、强度、落点、速度的不同采用相应的接发球技术，但应注意合适的弧线和落点。

(2) 接发球抢攻。当对方发球至右半区，只要是底线长球或者出台球，应果断抢冲或抢攻；如果是不出台球，则采取低手突击，往往使对方措手不及。

(3) 盯住对方的弱点，寻找突破口。例如，有人反手位的抢攻能力较差，就牢牢盯住对方的反手，迫使对方就范。

(4) 控制接发球的落点。接发球落点要做到弧线低、速度快，使对方难以上手。例如，对方擅长发球后侧身抢拉，你就快搓左右近网，让对方无机可乘。

(5)正手侧身接发球。这是一种难度大、威胁也大的接发球战术，需要准确的判断、灵活的步法和全面的技术。大致有以下几种形式：① 抢拉，攻出台或半出台球；② 快点、快拉至对方的空挡(击球的上升期)；③ 正手快摆右方近网短球，或挑直线，使对方不适应；④ 正手冲或劈底线及大角度球。

第三节　搓攻战术

搓攻战术是进攻型选手的一项主要战术，也是业余选手用得最多最好的战术。搓攻战术主要是利用搓球的旋转、速度、落点变化为进攻创造机会。但搓球次数不能过多，一般搓两三板就要组织进攻。搓攻战术也是削球型打法争取主动的主要战术之一。常用的搓攻战术有以下几种：

(1) 慢搓与快搓结合。慢搓底线长球，迫使对方后退，再快搓近网短球,调动对方,伺机强攻。

(2) 转与不转相结合。先搓加转球,再用相似的动作搓不转球,使对方不慎将球搓高,则可抓住机会抢攻。

(3) 搓球变线。盯住对方反手搓底线长球,再变直线或右方大角度球。也可先搓一板反手大角度,再变直线,让对手来不及跑动击球。

(4) 搓球控制落点。直逼对方的别扭处,如中路追身球、中右近网短球、正手不出台球等,让对手无法起板,感觉难受。

(5) 搓中突击。对搓中抢先拉一板,迫使对方挡球,由此转入快攻。如果来球旋转强度不大,击球点较为合适,则应大胆运用搓中突击或快点技术,抢在对方前面上手。

(6) 搓中变推或抢攻。遇到使用不同性能球拍者,如长胶、防弧圈球拍等搓过来的球,可用推挡回击或直接抢攻,以气势压倒对方。

第四节 对攻战术

对攻战术是进攻型打法在相持阶段常用的一项重要战术。快攻类打法主要依靠反手推挡(或反手攻球)和正手攻球(或正手拉弧圈球)的技术,充分发挥快速多变的特点来调动对方。常用的对攻战术有以下几种:

(1) 紧逼对方反手。这种战术多以斜线为主,侧身前一板球应加力,打大角度或逼对方中路。例如,欧洲选手常用正反手弧圈球压住中国选手的反手,当出现机会球时发力猛冲。

(2) 压左突右。如果对方侧身意识强,则应压住其反手,突然变正手,既可偷袭空挡又可遏制对方的侧身强攻。如果对方的攻击力不够强,则盯住反手,突击正手,会取得很好的效果。左手执拍者常常采用此战术,因变线角度大,对方往往处于被动之中。

(3) 调右压左。在对付左半台进攻能力较强的选手或反手位应变能力较差的选手时,先发力冲,攻其正手,再压其反手。

(4) 攻两大角。交叉打正反手两大角,迫使对方在大幅度的移动中,无暇调整站位及其战术,始终处于被动应付局面。

(5) 攻追身球。先抢攻追身球,再扣杀左或右大角,或先攻两大角,再扣杀追身球。

(6) 变化击球节奏。发力攻与轻打轻拉相结合,可造成对手的被动应对局面。

(7) 改变球的旋转性质。例如,加力推下旋;正手对攻中,退至中远台削一板,对方往往来不及反应,可直接得分或创造机会球。

第五节　拉攻战术

拉攻战术是以攻为主的选手对付削球的主要战术。为了发挥拉攻的战术效果,首先要具备连续拉的能力,并有线路、落点、旋转、轻重等变化,其次要有拉中突击和连续扣杀的能力。常用的拉攻战术主要有以下几种:

(1) 连续拉反手后,突击斜线或中路追身球。斜线球和中路球是削球手的共同弱点,易回出高球或直接失误。

(2) 拉中路杀两角或拉两角杀中路。由于中路难于削出落点刁、旋转强的球,可以获得较多的突击机会,因此这也是运动员常用的一种抢攻战术。

(3) 拉一角杀另一角。一般是拉削球质量不高或对手反攻能力较弱的一角,杀另一角;或根据比赛实际情况,拉对方不利的一角,杀另一角。由于拉与杀的线路不断变化,常使对方不适应而陷于被动或造成失误,因此也是一种行之有效的拉攻战术。

(4) 拉吊结合,伺机突击。同线拉长、吊短,异线拉长、吊短,调动对方,打乱对方的节奏。但吊球一定要控制好弧线和落点,以防对方起板反攻。

(5) 拉搓结合。用搓球调整自己的思路、体力、击球姿势等,以便随时转入发力拉或突击。但应注意不宜搓得过多,否则会失去战斗信心。

(6) 稳拉为主,伺机突击。这种打法稳中见凶,一拉就是数十板,再伺机发力攻。它常用来对付耐力差、反攻能力不强的削球选手。

第六节　削中反攻战术

削中反攻战术主要靠稳健的削球限制对方的进攻能力,为自己反攻创造有利的条件。它不仅增强了削球技术的生命力,也促进了攻防之间的积极转换。我国乒坛名将陈新华以及丁松成功地运用削中反攻的战术创造了辉煌,令欧洲选手手足失措,无以应对。常用的削中反攻战术主要有以下几种:

(1) 削转与不转球,伺机反攻。变化旋转是削球选手争取主动的有效武器,一般先削加转球,再送不转球;加转是前提,旋转差异越大,威胁也越大。使用长胶削球者更应充分发挥胶皮不同性能的特点,让对手难以适应。

(2) 削长短球,伺机反攻。先连续削底线长球或中路追身球,然后结合旋转变化削一短球(不出台为好),对手往往会反应不及,过渡一板,削球一方乘机反攻。

(3) 逼两大角,伺机反攻。一般以较强旋转紧逼对方左角,再以大角度转移逼其右角,再突变左角,配合转与不转的变化,对方往往来不及侧身拉攻，多以搓球过渡，容易回出高球或造成直接失误。

(4) 交叉削两大角，突击对方弱点。交替削对方左右角，尽可能增大两落点间的距离，迫使对方在不停的跑动中拉球，从而降低击球的质量，削球方一有机会就突击对方的弱点。

(5) 削、挡、攻结合，伺机抢攻。使用长胶球拍的选手，当对方搓球至反手时，突然上台用长胶挡斜线或直线，然后伺机抢攻；当对方拉攻时，可轻挡对力的正反于，逼迫对方改搓球或作过渡处理，削球方抓住机会反攻。这种打法常常奏效，因为对方出于恐惧不同性能球拍的心理压力，往往无法发挥自己的正常水平和扣杀强攻的优势，有时甚至直接导致失误。

第七节　弧圈球战术

由于弧圈球技术把速度和旋转有效地结合起来，稳健性好，适应性强，因此许多著名选手已用它去替代攻球或扣杀。常用的战术如下：

一、发球抢拉

(1) 反手发右侧上(下)旋球至对方正手、中路，结合强烈的上(下)旋至两角，冲抢对方的中路追身球或离身体稍远一侧的底线球。

(2) 正手或侧身发转与不转斜线短球后抢拉。

(3) 侧身发高、低抛左侧上(下)旋球，长、短落点结合，配合发急上旋球抢冲，取得主动。

二、接发球抢拉

(1) 一般旋转的来球,只要一出台,或者是能够上手的半出台球,就抢拉对方的反手或中路偏右为主,形成主动拉冲局面。

(2) 如果来球下旋强烈,则无论是正手位还是反手位,先拉一板加转球,再伺机冲对方的弱点处。

(3) 反手快拨或快推以控制落点,造成对拉相持局面。

(4) 以加转快搓近网短球,结合搓两底线长球或反手大角度球后抢拉。

三、相持中的战术运用

(1) 连续拉一角,伺机冲另一角。

(2) 交替拉两大角,使对方在大幅度的移动中降低击球质量或造成直接失误。

(3) 拉中路偏左或右处,伺机冲对方的弱点。

(4) 拉加转弧圈至对方反手位后伺机发力冲斜线、直线,这种方法对付直握拍打法很奏效。

(5) 变化拉球的节奏快慢、力量轻重等。

四、对付削球的战术

(1) 以稳拉加转弧圈球为主,待出现机会球时,发力冲对方的别扭处。

(2) 拉两角配合大角度,伺机冲空挡。

(3) 盯住中路,伺机冲两大角。

(4) 拉吊结合,待对方上台后,拉冲对方底线。

(5) 变化拉球的旋转强度、线路落点,伺机冲中路或反手。

第八节　针对性战术

乒乓球运动有许多不同的类型打法，各种类型打法在比赛中的战术运用是不同的，有极强的针对性。针对性战术是指一种打法针对另一种打法所特有的、行之有效的战术。

下面介绍几种主要打法的针对性战术。

一、快攻类打法对快攻或弧圈类打法的主要战术

（1）发球抢攻战术的运用。以发侧上旋、侧下旋或近网不转短球为主，配合发长球至对方的右大角和中线稍偏右处进行强攻。要求抢攻快、落点活，如能向对方的空挡发动攻势效果就更好。

（2）接发球抢攻的战术运用。在准确判断来球的条件下，以快点为主，或用快拉回击，要求速度快、落点刁，主要攻击对方的空挡。当不能用快点时，可以快搓一板过渡，但要注意控制好落点和弧线，使对手不容易上手，然后再伺机进行突击。

（3）连续进攻对方一点，把对手调到某一角上，然后再攻相反的方向。有时也可专攻对方站位远侧空挡，打乱对方跑位，为扣杀创造机会。

（4）专门攻中路追身球，造成对方让位困难或被动，伺机进行扣杀。中路近身球是横拍快攻类打法的盲区。

（5）当对方技术水平比较高，攻势比较强，特别是正反手均进攻或拉出强烈上旋球时，就必须从中路进行突破，或先摆短，然后再伺机抢先突击去力争主动，切不可防御过多，以免被动挨打。

（6）相持是一种暂时的平衡状态，要善于先打破这种平衡，而打破平衡的关键是变化。各种类型打法的战术核心是多变，在对

付相持能力较强的对手时,必须积极、主动地变化击球节奏,迫使对手不停地处于调适中。

二、弧圈类打法对快攻类打法的主要战术

(1) 发球抢攻的战术运用。以发下旋或侧下旋不出台的短球为主,迫使对手以搓球回接,然后伺机拉冲对方的空挡。

(2) 接发球抢拉的战术运用。大胆果断抢冲出台或半出台球,如果中台相持的能力较强,也可用轻拉或撇等方法接发球,主动进入相持段;如果自己的对拉能力较弱,则应先用摆短,再伺机拉,以争取主动。

(3) 在对付直拍快攻类打法的选手时,应多拉对手的反手位找机会,再突然拉、冲对方的空挡。

(4) 两面拉选手连续控制对方的中路,能较好地保持自己的技术优势。单面拉选手在具备一定防守能力的基础上,积极侧身拉冲直线,以形成正手对攻局面。

(5) 被迫离台后退时,可放旋转高球作防御,再伺机进行反击。例如,第48届上海世乒赛上,丹麦选手梅兹就将放高球变为武器,多次在不利情况下扭转局势,上演大翻盘的好戏。

三、以攻为主打法对削攻结合打法的主要战术

(1) 首先要有连续拉球的能力、体力和耐心,否则心理上将全线崩溃,失去战斗信心。

(2) 连续拉一角,伺机突击或拉、冲另一角,或盯住相持中较弱的一角,再突击中路。

(3) 交替拉两大角,迫使对方左右大角度跑动,再伺机扣杀。

(4) 运用长短球技术找机会,伺机进行突击。如连续拉一点或不同点,迫使对手后退进行防御,再突然放短球,伺机抢攻或冲

追身两大角。常用的吊短球有同侧近网球、异侧近网球和中路近网球。

(5) 在拉球中配合搓球,改变回球的旋转性能与落点长短,迫使对手在前后跑动中出现漏洞,再伺机进行突袭。一方面借助搓球作为调整,另一方面用搓球回击强下旋球,效果较好。

(6) 发球抢攻战术的运用。如在赛点、关键球时掌握发球权,运用变化发球抢攻的战术,能直接得分,或打乱对方的战术意图,收到很好的效果。例如,在连发短球后,突然发急长球进行抢攻;在连续发强下旋球后,突然改发不转球进行抢攻。

四、削攻结合打法对以攻为主打法的主要战术

(1) 连续削对方一点,把对方调定在同一位置上,然后伺机抢攻对方另一角空挡,或交叉削对方两大角,使对手不断地向左或向右移动,再伺机反攻对方空挡或近身。

(2) 连续逼削对方的左角(或右角)一点后,再突然削送对方的右角(或左角),伺机进行强攻。

(3) 逼削对方的反手位,引对手侧身拉后,上台挡直线,再伺机抢攻。

(4) 削转与不转球送对方的正反手,威逼对方不能从容拉攻,伺机反攻。

(5) 发球抢攻战术的运用,以近网转与不转短球为主,配合发底线急球扰乱对手的战术,主动打攻球,如果形成相持,再用削球防守。

(6) 运用突然性的接发球抢攻,常会扰乱对方的作战计划,并对增强削球的主动性起到很好的作用。

(7) 接发球抢攻战术的运用。削球手常常用削球接发球,如果抓住机会,抢拉强攻接发球,能打乱对方的作战计划,并对增强

削球的积极性起到很好的作用。

(8) 如果一面反胶一面长胶,则充分利用长胶击球的怪异性能,敢打敢拼,抢占主动地位。

第六章　双　　打

在乒乓球正式比赛的七个项目中,有三项是双打,即男子双打、女子双打和混合双打。在第27届世乒赛上,中国选手张燮林和王志良夺取了乒乓球运动历史上的第一个男双世界冠军。自1988年第24届奥运会上乒乓球被列为正式比赛项目后,双打占了四块金牌中的两块。国际乒联曾从1990年开始,每两年举办一届世界杯男子、女子双打比赛,因而各国选手对双打越来越重视。1991年第41届世乒赛后,“少帅”蔡振华掌管国家乒乓球队,决定从双打项目上打翻身仗。从1993年5月至2006年5月的13年间,共举行了7次世乒赛,中国队连续7次包揽男双、女双和混双的冠军。从第24到第28届的5届奥运会的乒乓球比赛中,中国队5次获男双冠军,4次获女双冠军。第29届北京奥运会乒乓球比赛中的双打项目将由团体取代,并采用新的团体比赛制,第3场仍为双打。双打的魅力在于比单打更具观赏性,双方在短兵相接的对抗中,必须在规则的限制下合成作战,每个运动员除了要具备积极进攻的能力,还要善于为同伴充分发挥特长技术创造机会和空间;主动时协调作战连成一体,被动时能抓住契机化险为夷。单打靠的是实力,双打靠的是智慧和技巧。双打项目越来越为人们所喜爱,成为开展群众性乒乓球活动的特色项目。

第一节　双打的特点及推广价值

乒乓球的双打项目具有以下特点和推广价值: 首先,双打可以培养人们团结、协作的精神。两人的默契与高度统一是双打取得成功的基础。从社会学角度来讲,双打为人们提供了一个“学习合作”的平台。

其次,双打能吸引更多的人从事乒乓球活动,尤其在一些爱好者多但球台有限的基层单位,双打可以缓解场地紧张的矛盾,而且更具趣味性。

第三,双打移动次数多,范围大,既增加了活动量,又有利于提高身体的灵活性和协调性。

最后,双打对技术、战术的运用有其独特的要求。双打技术、战术既建立在单打技术、战术的基础之上,又有较强的互补性和选择性。

第二节 双打的规则

乒乓球的双打规则如下:

(1)在第一局比赛中,先由发球方确定第一发球员,再由接发球方确定第一接发球员;一局首先发球的一方,在该场的下一局比赛中应首先接发球;在以后的各局比赛中,第一发球员确定后,第一接发球员应是前一局发球给他的运动员。例如,双打比赛第一局开始时,甲方确定甲$_1$先发球,乙方确定乙$_2$先接发球;第二局比赛开始时,如果乙$_1$先发球,应由甲$_2$先接发球;如果乙$_2$先发球,应由甲$_1$先接发球。

(2)首先由发球员发球,再由接发球员还击,然后由发球员的同伴还击,再由接发球员的同伴还击,此后运动员按此次序轮流还击。如果运动员击球次序错误,则判对方得1分。

(3)发球时,球必须先落到本方的右半区,然后直接落到对方的右半区,中线视为右半区的一部分。例如,发球触及球网装置后落到对方的右半区，应重发球；如果触及球网装置后落到对方的左半区，应判对方得分。

(4) 每发完 2 只球换发球时，前面的接球员应成为发球员，前面的发球员的同伴成为接球员，即甲$_1$→乙$_1$→甲$_2$→乙$_2$→甲$_1$→……。

(5) 决胜局中，一方先得 5 分时，双方应交换方位，接发球方应交换接发球次序。（交换方位时比分为 5：0、5：2、5：4 时，原发球员发球，对方交换接发球次序；比分为 5：1、5：3 时，原发球员变为接发球员，原接发球员变为发球员。）

(6) 裁判员一旦发现发球、接发球次序错误，应立即暂停比赛，按发球错误时那一局中首先有发球权的一方所确立的次序进行纠正，再继续比赛。

(7) 同一协会（或单位）运动员组成的双打，服装款式和颜色应一致，鞋袜除外。

(8) 双打配对中任何一个运动员所受到的警告或处罚，应视做是该对双打运动员的；双方比赛开始后，配对运动员中任何一个在同一场团体比赛中已经受到的最严重的警告或处罚，应视做是该对双打运动员的。双打中未受警告的运动员在同一场团体比赛随后的单项比赛中不受影响。

第三节　双打的配对

一、配对的原则

双打配对的原则主要有以下几条：

(1) 感情融洽是配对组合的粘合剂。从技术角度看，第 39 届世乒赛和第 24 届奥运会男双冠军陈龙灿和韦晴光两人并非最佳组合,但两人的感情很好,彼此认同度很高。

（2）配对的双方在技术和战术上应各有特点,并能互相补充,融为一体,形成默契。第25届奥运会和第42届、第43届世乒赛男双冠军王涛和吕林,在比赛中很少说话,但不管谁只要一举拍,同伴就能知道他的意图。他们两人从1992年到1996年在双打项目上为中国男队的彻底翻身打开了一个突破口。他们的配合比较合理,王涛出手质量高,给对方的压力比较大,吕林无谓失误少,补板意识比较强;加上王涛反手生胶在近台具有的速度优势和吕林中远台出色的连续拉冲能力,使两人在中台和中近台有一定的回旋能力。

（3）在站位上最好是一左一右,或一前一后,以避免冲撞。目前,国内外水平较高的双打配对多为一左一右握拍的运动员,如第42届世乒赛女双冠军刘伟和乔云萍,男双冠军王涛和吕林。

（4）应选择控制球能力好、落点刁、步法灵巧,并有一定相持能力的选手组合成双打。1996年、1998年、2000年国际乒联巡回赛总决赛男双冠军,2000年悉尼奥运会男双冠军,2001年第46届和2003年第47届世乒赛男双冠军王励勤和阎森,尽管都不是当时的单打主力选手,但最大的特点是在有一定实力基础上的配合非常默契。他们从1996年访欧开始配对,阎森在双打最关键的环节——发球、接发球和发球抢攻上具有突出特点,出手快,直线多,球路毒,再加上王励勤有较强的相持能力,所以他们能在双打上取得非凡的成绩。他们一高一矮、一左一右的搭配,成就了“阎王”组合的威名。

（5）混双配对首先要求男选手一定要突出,有打双打的超常能力。王涛具备了这种实力和特点。他的同伴刘伟击球质量具有男子化特点,反手拉冲中有一板高质量的弹击,无论是对男选手还是女选手,都有一定的威胁,同时也缓解了王涛的压力。另外,他们两人的发球都很好,刘伟的半下蹲发球经常在关键时刻起作用,这也是一个很大的优势。他们三次蝉联世乒赛混双冠军,还获得1995年全国乒乓球锦标赛混双冠军。

(6)双打配对,应保持相对的固定,不要在临近比赛时匆忙凑合或经常交换配对,因为双方都有一个相互熟悉、相互了解的过程,做到真正"心有灵犀一点通"是需要时间磨合的。

二、介绍几种配对与黄金搭档

(1)一名弧圈球选手和一名快攻选手配对。两人一快一转,互为补充。

乔红/邓亚萍:中国女运动员,两人的配对充分体现了旋转和速度相结合、稳和凶相结合的特点。乔红比较稳,擅长旋转;邓亚萍的速度快,反手长胶有明显的速度和节奏变化。她们更多的是依靠自身的实力,但又做到了将各自的特点很好地结合在一起。主要成绩:第40届和第43届世乒赛女双冠军;第25届巴塞罗那奥运会和第26届亚特兰大奥运会女双冠军;1995年全国乒乓球锦标赛女双冠军。

(2)两名快攻选手或弧圈球选手配对。例如,一左一右,都是横握球拍;一横一直,都是右手握拍;一横一直,一左一右;两个都是右手横握球拍。

王楠/李菊:中国女运动员,一左一右,都是横握球拍。她们的优势体现在相持能力上,两人的正反手能力都比较均衡。各自的站位离球台有一定的距离,不是靠得太近。两人对旋转的感觉都比较好,而且她们单打的实力都是当时顶尖的,让对手感觉很难对付。在比赛中,她们以更多的来回次数、更强的旋转获胜。主要成绩:第45届和第46届世乒赛女双冠军;1998年和1999年全国锦标赛女双冠军;第27届悉尼奥运会女双冠军。

施拉格/金德拉克:奥地利运动员,一左一右,都是横握球拍。

施拉格曾经获第47届世乒赛男单冠军。他们的组合有几大特点：一是配合默契。二是两人的分工比较明确，施拉格的任务是争取主动进攻，而金德拉克主要是寻找机会，给施拉格的进攻创造条件。三是施拉格的发球好，尤其是逆旋转发球，给他们的进攻创造了很多机会。打相持球时，虽然金德拉克的节奏偏慢，但是施拉格敢于搏杀，经常能打出让对手猝不及防的回头球。主要成绩：第44届和第45届世乒赛男双八强。

孔令辉/刘国梁：中国运动员，一横一直，都是右手握拍。在中国队从打翻身仗到巩固自身的优势中，他们是男双最主要的代表人物。他们的技术特点是一个巧，另一个杀伤力比较大。在分工上，刘国梁以发球和接发球创造机会为主，孔令辉正手位的杀伤力比较大，是配对中的主打。他们的另一大特点是技术全面，能对付各种打法，无论是对削球、正胶还是反胶，适应能力都比较强。主要成绩：第26届亚特兰大奥运会男双冠军；第27届悉尼奥运会男双亚军；第44届和第45届世乒赛男双冠军；第46届世乒赛男双亚军。刘国梁当教练后，王皓替代他与孔令辉配对。王皓接发球、反手横拉比较积极主动，衔接上也比较快。

陈玘/马琳：一横一直，一左一右，第28届雅典奥运会男双冠军，是当今男双的最佳搭档。

瓦尔德内尔/佩尔森：瑞典运动员，都是右手横握球拍。他们打双打主要靠经验，战术运用比较坚决、准确，而且变化快。他们能够很快找到对方弱点，尤其是瓦尔德内尔，在接发球上非常诡异，手段多，而形成相持后，佩尔森的中台攻防能力又胜人一筹。主要成绩：第44届世乒赛男双亚军；在第28届雅典奥运会上淘汰了孔令辉/王皓。欧洲的男双组合中比较著名的还有波尔/许斯，德国运动员，横握球拍，一左一右，形成了对中国运动员的巨大威胁。

（3）两名弧圈球选手配对，都是左手。人们通常认为，双打配对最好是一左一右或都是右手,两名左手配对打破了人们固有的思路,开创了一种新的双打模式。

盖亭/希拉:法国运动员,在比赛中,由于对手不适应他们的搭配,给他们充分发挥自己的优势创造了条件。盖亭的发球出色,在近台迎前反拉反带的能力突出,而希拉的接发球非常出色,拉球给对手“慢一拍”、对不上点的感觉。主要成绩:2000 年悉尼奥运会男双第三名。

(4) 两人都是直拍,一左一右,一个反胶一个正胶或都是弧圈球结合快攻打法配对。

陈龙灿/韦晴光:中国运动员,一左一右,一人正胶一人反胶,一个把持近台,一个负责中台,配合默契,球路灵活。主要成绩:1988 年汉城奥运会男双冠军。

李静/高礼泽:中国香港运动员,一右一左,直拍弧圈结合快攻打法。打法以快速凶狠为主,充分发挥了左右手站位上的优势,他们的长处是发球好,摆短质量高,心理素质好,打法稳健,无谓失误少,形成了以台内球抢先上手为突破口的“快打旋风”风格。主要成绩:2004 年第 28 届雅典奥运会男双亚军;2005 年亚洲锦标赛男双冠军。

柳承敏/李哲承:韩国运动员,两直两右。两人有先天的互补性,李哲承比较稳健,台内球处理比较细腻;柳承敏凶悍异常,打法粗暴有力。灵活的步法、出色的跑位和凶狠的正手使他们的进攻如同单打一样地协调统一。他们正手中远台的连续拉球,转换之间毫无缝隙,已达到心有灵犀、炉火纯青的地步。主要成绩:第 14 届釜山亚运会男双冠军。

(5) 一名使用两面不同性能球拍的选手和一名使用常规球拍的选手配对。前者充分利用不同性能的球拍,不断变化球的旋转性质,为后者创造进攻机会。例如,第 36 届世乒赛男双冠军蔡振华(防弧海绵胶皮)和李振恃的组合;第 41 届世乒赛女双冠军高军(正胶快攻)和陈子荷(长胶)的组合。

(6) 两名削球手配对。一人站位稍前,善于逼角,一人站位稍后,着重旋转变化;两人都是稳健的削球手,但具较强的反攻能力。例如,中国队的王婷婷/范瑛,王婷婷两面反胶削球,旋转变化多,削球稳健,有"打不死"的精神;范瑛反攻能力强。两人曾获2004年中国乒乓球公开赛无锡站女双亚军。

(7) 不同类型打法选手的配对,如一攻一削。如果双方技术娴熟,战术配合精练,彼此间适应性好,这样的组合对对手的威胁是不言而喻的。

第四节　双打的站位和移动方法

一、双打的站位

1. 站位

站位是指双打发球或接发球时,配对的双方相对于球台的空间关系和彼此间的空间关系。站位合理,才能保证让位方便,移动迅速,避免相互间的碰撞,并有利于发挥各人的风格和特长。

2. 常用的站位方式

(1) 平行站位。① 发球方,发球员站位偏右,让出3/4的空间给同伴。② 接发球方,这一站位方式多为一左一右执拍的进攻型选手所采用,进攻型选手用反手接发球时也常采用此种站位方式。

(2) 前后站位。① 发球方,多为削球型选手所采用,发球员站位偏右稍前,其同伴居中稍后站立。② 接发球方,进攻型选手用正手接发球时,站位近台偏中,有利于正手进攻,其同伴则稍后错位站立;削球型选手,无论用正手还是反手,均以前后站位为宜。

二、双打的跑位方法

1. 双打的移动要求

(1) 击球后,应迅速移动,避免对方打追身球。

(2) 移动时不能妨碍同伴击球。

(3) 站位应尽量接近下次击球最有利的位置。

2. 几种常用的跑位方法

(1)“八”字型。一左一右执拍进攻型选手配对,多采用此种跑动方法。两人击球后均向自己的反手一侧移动,既确保同伴的击球空间,又有利于发挥正手攻球的威力(图6-1)。

(2)“二”字型。两名右手执拍的弧圈球或快攻选手配对时,多采用此种跑动方法,但需注意移动,防止对方打追身球(图6-2)。例如,孔令辉击球速度快,经验丰富,站在前台,而两面相对均衡的王皓略为靠后,他们的跑位是“二”字型。

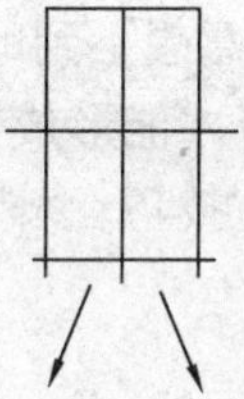

图6-1 “八”字型跑位

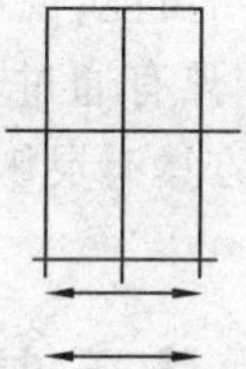

图6-2 “二”字型跑位

(3)“T”字型。一名站位近台和一名站位中远台选手配对,多采用此种跑动方法。例如,刘国梁是典型的直拍快攻,近台控制的重任非他莫属,而孔令辉则在中远台控制“领空”权(图6-3)。

(4)“▽”型。一名近台快攻和一名中远台弧圈选手配对时,常采用此种跑动方法。近台快攻选手可充分发挥快攻优势,弧圈球选手则利用强烈的上旋球及快慢节奏的变化,打乱对方战术及步法的移动,为同伴创造更多的扣杀机会(图6-4)。

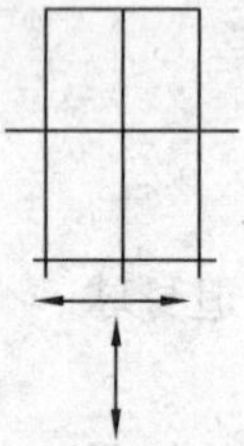

图 6-3 “T”字型跑位

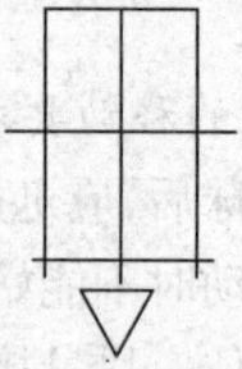

图 6-4 “▽”型跑位

(5)“∞”型。对方有意识地针对本方一名选手交叉打两角时，可采用“∞”型移动(图 6-5)。

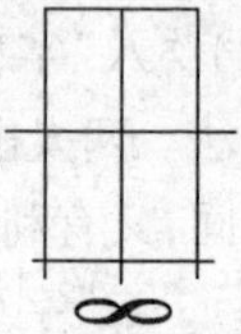

图 6-5 “∞”型跑位

(6)“应急”跑位移动。以上介绍了几种双打跑位的常用方法，由于比赛中情况千变万化，固定不变的移动方法是没有的，应该灵活运用。在双打比赛中，一方常常连续逼一角，突然变线另一角，或连续压中路后死逼一条线，制造让对方碰撞的机会与可能，但对方经常会作出一些意想不到的“应急”动作，这些动作只有通过长时间的训练和比赛才能形成“储备”，并需要配对双方具有灵敏的反应及较好的跑位技巧。

第五节 双打的基本战术

一、选择接发球

中签方可优先选择接发球，以便选择有利的发、接球次序。例如，在混双比赛中，选择男接男发的次序，有利于形成以强对强、以弱打弱的局面。

二、发球与发球抢攻

因双打的发球区是固定的，对发球提出了较高的要求，故应选择相对控制弧线好、控制落点好、旋转变化大的选手为第一发球员。

(1) 重视与同伴的默契，发什么球，用手势、暗语或特定的方式告诉同伴。

(2) 注意发球的区域和落点(图6-6)，发近网球时应确保球第二跳不出台。

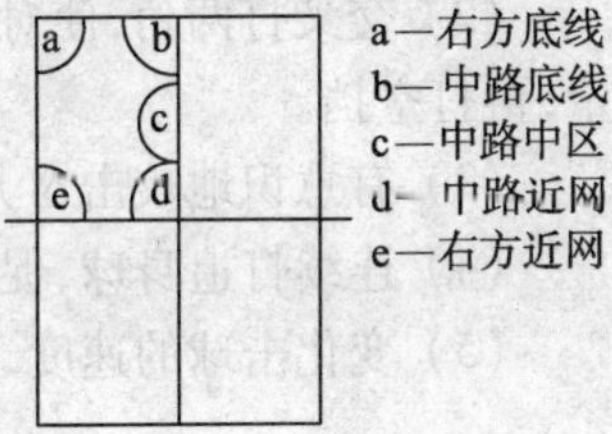

图6-6 双打发球的落点

(3) 混旋类发球比单旋类发球威胁大，若配合侧上(下)旋球，即使落点稍长，对方进攻也会感到困难。

(4) 要重视第三板发力抢攻或抢位，如果难以上手，就不要盲目扣杀，可用中等力量打对方的弱点，或控制一板，为同伴创造下一板抢攻的机会。

三、接发球

双打的接发球难度比单打小，但接发球的质量至关重要，因此在接发球时必须注意如下要点：

(1) 力争接发球抢攻或抢冲，只要有机会，就果断上手，但要注意抢攻落点。

(2) 注意变化接发球手段，如灵活运用搓短、快点、带、撇、侧旋等技术控制弧线和落点，扰乱对方的进攻部署和节奏，力争掌握主动权。

四、相持阶段

相持时常用的战术如下:

(1) 连续打一角,迫使对方两人挤到一起,伺机打另一角或追身球。一般紧盯对方较弱的一角。

(2) 交叉打两角,使对方在不断移动中造成紊乱,降低击球质量,再打空挡。

(3) 有意识地攻击对方各自的弱点,伺机扣杀。

(4) 连续打追身球,促使对方两人相撞,继而扣杀空挡。

(5) 变化击球的速度、力量、节奏、旋转等,调动对方。

第六节　介绍几种主要打法的战术运用

一、快攻类打法对弧圈类打法的主要战术

1. 发球抢攻

以发侧上、侧下旋或转与不转的近网短球为主,配合发右大角和中路偏右处的急长球。要求发球长短明显,旋转差异变化大;抢攻上手快、落点刁,打对方的空挡,或有针对性地打击对方的薄弱环节。

2. 接发球抢攻

要有抢攻争先的意识和敢打必胜的信念,以快点为主或快拉回击对方的空挡,也可盯住对方的软肋。当被控制不能起板时,可运用摆短、切、撇等技术过渡一板,要求落点好、线路刁难,对方难于抢冲、拉,为同伴创造机会。

3. 相持球战术

应力争进入主动相持阶段,以防被连续拉冲,陷入大范围跑动

和无可奈何的防御局面。

4. 连续攻对方某一点后变线

根据对方的握拍情况、总体技战术特点和默契程度,连续攻对手的正手位或反手位,把对方调到某一角,造成他们移动时的障碍,不给对方有力反攻的机会,再伺机变线攻对方空挡。

5. 从中路突破再变线

如果对方身材高大,技术水平全面,能攻能拉,尤其是正反手攻击控制范围大,就必须选择从中路突破。首先应在发球、接发球时严格控制台内短球,力争主动突击打对方中路,迫使对方把注意力集中到中路后,再突击变线。

6. 连续攻追身球

如果对方是一左一右,以弧圈球打法为主时,由于对方正反手位都能进攻,步法移动较便利,且防御范围较大,则应打对方的追身球。发球、接发球、过渡球等都应以中路近网短球为主,配合两大角,根据对方的站位与走位情况,发挥快攻打法的优势,攻击两人的追身球,使他们让位困难,左右为难,出现配合上的混乱甚至碰撞,从而获得更多进攻的机会。

二、弧圈类打法对快攻类打法的主要战术

1. 发球抢攻

以发下旋、侧下旋近网短球为主,配合急侧下旋球以牵住对方的注意力,迫使对方只能用搓球接发球,充分发挥弧圈球的威力,为同伴创造更多连续冲或扣杀的机会。

2. 接发球抢攻

接发球以快拉、挑、撇等技术至对方的反手位或空挡,遏制快攻打法的前三板战术,主动形成对攻相持,充分发挥弧圈球正反手两面拉的优势,这样能有效控制局面,变被动制约为主动。

3. 相持中攻击对方薄弱点

当双方技术水平实力相当,在前四板都适应了的情况下,应该及时调整战术。要从对方较薄弱的区域、技术或直握拍选手的反手位发动攻击,待对方适应后,再拉、冲对方的空挡。

4. 盯住漏洞,打击弱者

在对方技战术出现明显漏洞或者有一名选手实力相对较弱的情况下,有意识有目的地盯住对方某一区域或某个人,能起到很好的效果。同时,对另一名技术水平较强者,谨慎地控制落点、变化旋转,不给对方任何抢攻的机会。

5. 变化拉弧圈球的速度、旋转和节奏

一味追求拉球的速度和快节奏,在双打中是很难也不可能做到的,若前冲速度快,则对方回球时可能把速度还给你,让你的同伴措手不及;适时拉一板高吊,能够给你的同伴调整的余地。

三、快攻类 弧圈类打法对削球打法的主要战术

1. 发球或接发球抢攻

在运用发球抢攻战术时,采取突然袭击的方式,往往能先获主动,占据心理上的优势。如发球时改发加转球;连续发近网球后突然发急长线进行抢攻,充分利用弧圈球或突击对方站位中间偏右处,伺机扣杀或爆冲另一人的近身或两大角。接发球果断起板,使对方措手不及,打乱对方的战术部署。

2. 搓中突击

对付削球水平稳健又具一定进攻能力的配对选手,利用搓球的旋转变化、线路变化及长短变化,迫使对方在频繁的前后走动中出现漏洞,造成回球质量的降低,再寻找机会拉前冲或突击。

3. 拉长吊短

这种战术常用来对付以削为主的打法。在拉球的过程中,利

用长、短落点及线路的变化，对站位近台的一人进行突击，吊短球诱引站位较远的上前接球，从而扰乱对方跑位；或者连续拉对方两大角，迫使对方大范围奔跑削球，再吊短，同伴伺机扣杀或冲追身及相反方向的大角度球。

4. 拉两大角突击中路

在连续拉球的过程中，向对方站位较远一侧的大角过渡，要求拉球线路长、落点刁钻、旋转和速度有机结合并有节奏变化，迫使对方因大范围跑动而造成混乱，甚至碰撞，等待机会扣杀中路。

5. 拉中路突击中路

中路球往往是削球选手的“盲区”，两人都向这个位置移动容易发生冲撞，而且由于击球空间狭窄，难以制造强烈的旋转，回球的质量相对较低。因而，可利用拉球过渡造成对方判断上的错误而出现机会球，然后大力扣杀或拉出强烈的前冲弧圈球至中路（追身）。

6. 快攻与弧圈球结合旋转、节奏变化

正胶直拍选手和反胶横拍弧圈球选手组合，可充分利用胶皮性能的不同，拉出旋转反差大、节奏变换大的球，使对方由于大幅度的左右前后移动和击球时间上的判断失误而回球质量较低，然后伺机大力扣杀或爆冲。

四、以削球为主打法对快攻类、弧圈类打法的主要战术

1. 削一点反攻另一角

连续削对方一点，将对方两名选手调集到同一位置上，伺机进攻对方空挡；或采用交叉削球到对方各自的空挡，使对手不停地左右移动，伺机反攻对方空挡或追身球。

2. 削逼两大角突然变送另一角伺机反攻

当对手对付削球的综合能力较强并具备杀伤力时，应采用连

续交叉逼对方两大角战术，不给对方从容扣杀的任何机会，使对方在大范围的跑动中击球，然后突变另一角，造成对方移动失误，伺机进行反攻。

3. 逼削两大角伺机反攻

这是当对方实力明显胜人一筹时采用的战术，有一种“搏杀”的含义。逼削两大角使对方忙于左右奔跑，要求弧线低、角度大、旋转强，不给对方任何从容进攻的机会，再寻机果断反攻。

4. 削转与不转球，在心理上打击对手的信心

在对方拉攻实力相对较弱或其中一名选手畏惧削球时削攻配对选手常用的战术；或在比赛进入关键时刻，多运用此战术。先以削加转球为主，再送不转球，使对方判断失误，拉球出界，造成信心不足，心虚手软，不敢轻易大力扣杀，此时再多送不转或弧线稍高一些的加转球，引诱对方发力，造成失误。

5. 利用不同性能胶皮的怪异扰乱对方

如果一人是反胶，一人是长胶或者一面反胶一面长胶，利用倒拍击球改变旋转性质，或者上前用长胶挡一板，或者在对搓中拱一板等，使对方上前拉冲，互相埋怨，无心恋战。

6. 发球抢攻

当比赛处于被动局面或面临赛点时，以发近网转与不转球为主，配合发对方意想不到的球，由同伴发动抢攻，常常能出奇制胜。

7. 接发球抢攻

打破常规，抓住机会，接发球抢先上手能打乱对方的作战计划，从心理上给对方施加压力，增强本方的信心和削球的主动性。在准备运用接发球抢攻时，应向同伴示意做好第四板的应急准备，方能取得预期效果。

第七节 双打的训练

双打组合中，两人的默契和技术、战术的配合不是一朝一夕能形成的，需要一定时间的训练和适应。具体的训练方法主要有：

(1) 一人对两人的练习。一人击球比两人轮番击球速度快，有利于提高接球方两人的反应能力和步法的灵活性、敏捷性。

(2) 限制半台区域练习。例如，专门在右(左)半台区域内练习双打的走位，然后再换区以同法训练。

(3) 半台对全台的练习。要求对方固定还击到本方的右(左)半台，而还击要落到对方的全台。

(4) 全台对全台的练习。逢斜变直，逢直变斜。

(5) 前四板球的训练。前四板球的使用率和得分率是决定双打胜负的基础。

(6) 针对性训练。根据比赛需要，选择与比赛对手类似的选手或由陪练者模仿其打法进行训练。

(7) 记分练习。强调关键球的配合、默契或在比分落后时的战术措施。

第七章 基层乒乓球队的组建与训练

基层乒乓球队的组建、训练和比赛是一个统一体，是群体活动中的重要组成部分，但业余训练不同于专业训练，应采取松散型结构。认真组织好每一次比赛，能增强一个单位的凝聚力。

第一节 基层乒乓球队的组建

一、组队的原则

基层乒乓球队组队的原则主要有以下几条：

1. 要有代表性

组建的乒乓球队要能真正反映出本单位的整体水平，能够代表本单位的竞技实力，而不是每个部门分配“代表”名额。但在特定条件下，可以考虑组队的代表性，充分发挥骨干的带头作用。

2. 争取领导的支持和关注

聘请主管领导或工会、共青团、妇联的主要负责人担任领队，让他们在乒乓球队的各种活动中发挥协调和保障作用。

3. 采取松散式结构

基层乒乓球队不同于专业运动队，每个队员的工作性质、工作环境、工作时间等可能都不同，要做到在不影响本职工作和全局工作的前提下，“召之即来，来之能战”。

4. 组队要灵活

有条件的可分别组成男女队；条件不允许，也可男女合并组成一个队，并在对外比赛中灵活运用比赛方式，如进行 3 男 2 女或 2 男 1 女的对抗赛。

二、组队的要求

基层乒乓球队的组队要求如下：

1. 人数要适中

一般情况下，基层乒乓球队可由教练员 1 人(可由队员兼)、男队员 5 人、女队员 4 人组成；后勤保障工作可在队员中挑选 1 人负责。

2. 注意不同类型打法的配备

在可能的范围内，考虑不同类型打法的配备，这是为全队创造适合不同类型打法的环境和条件，同时也是为了全体队员间的相互促进，相互提高，最终目的是提高全队的整体实力，在比赛中对对手构成威胁。

3. 注意不同握拍方法的比例

清一色的握拍法，容易形成单调格局，应注意吸收不同握拍方法的爱好者加入球队中。

4. 左右手握拍的搭配

左、右手执拍者击球的性质和线路变化截然不同，经常在一起练习，有利于提高适应性，同时也有利于双打的配对。

5. 考虑吸收执“怪拍”者作为候补队员或陪练

在群众性乒乓球活动和比赛中，一些怪球手的威胁不可忽视，他们会让对手打起来十分别扭。

第二节　基层乒乓球队的训练

基层乒乓球队的训练,应有一个切实可行的训练方案和具体实施办法,做到既不影响本职工作,又能保持乒乓球队的活力,坚持常年训练不间断,促进本单位的精神文明建设,丰富广大干部、员工的"体育文化"生活。

一、训练安排

基层乒乓球队的训练安排包括以下内容:

1. 时间的安排

除了每个队员每天在工作之余自练以外,全队应利用节假日集中练习,每个星期1~2次,每次练习1.5~2小时为宜。现行的双休日制为乒乓球队的集中练习提供了时间上的保证,而且为对外交流和组织比赛带来了更多方便。

2. 场地的安排

基层乒乓球队应有一个固定的练习场所,并配有足够的球台和其他设备,灯光、地面、球台等要基本符合规则要求。千万不能临时找地方,以免影响队员的练习情绪,减少实际练习的时间。

3. 灵活掌握训练的方式

由于每个队员的工作部门、工作性质、工作时间等不同,可能会干扰全队集中练习的正常进行,因而应根据具体情况,实事求是,选择合适的方式进行训练,不要为客观原因所左右,贵在坚持。

二、训练的内容

基层乒乓球队的训练包括以下内容:

1. 基本技术

基本技术要经常练,反复练,以提高各项基本技术的质量和实用效果为宗旨。应全面、准确、熟练地掌握各项基本技术,在长期的练习中选择确定自己的特长技术。没有特长技术,难以形成自己的技术风格。基本技术也没有主要技术与次要技术、大技术与小技术之分,每项技术都是竞技能力的组成部分,每项技术都能直接得分。推挡球是防守技术,但可以用来进攻;搓球是过渡技术,也是制造进攻机会的重要手段;谁都知道近网短球不可少,但许多人总不去练,输了球总以为是自己的正常水平没有发挥出来。许多乒乓球爱好者认为只要正手攻球好,能拉弧圈球就行了,这是个误区。需要提醒的是,基本技术练习一定要和步法有机结合起来,从开始学打乒乓球就要有在跑动中打球的意识和习惯;否则,只会练,不能赛,很难上台阶。

2. 基本战术

战术训练的主要任务是培养战术意识,提高战术的数量和质量,增强选择与变化战术的能力。应根据自己的打法类型和技术特点,进行最佳技术组合,形成自己的特长战术,如发球抢攻战术、左推右攻战术、削中反攻战术等,并使之成为自己的主要得分手段。

3. 相持能力

以提高前三板后的抗衡能力为目的,如对推中远台、对攻或对拉等。也就是在提高击球准确性的基础上,在对抗和变化中尽力减少自己的失误。业余选手的乐趣是随着一个回合中击球次数的增多而提高的。

4. 适应能力

在可能的范围内,创造条件去适应各种不同打法,增强每个人和全队的竞争实力,提高对付不同打法的心理适应水平。要主动去找比自己水平高的,甚至是自己的“克星”练习或比赛,通过与各种不同打法与球路的人交流，在理论上提高对乒乓球运动规律的认识和理解。

5. 熟悉不同性能的球拍

通过专门的练习，了解不同性能球拍击球后产生的旋转规律和怪异现象，学习和掌握对付不同性能旋转球的具体战术和方法。

6. 身体训练

身体训练的主要目的是提高专项素质和增强体力。结合自己的技术特点，以提高协调性、爆发力、耐久力等为主。身体训练应根据各自的具体情况不间断地进行，只有这样，才能收到较好的效果。

另外，还可请专业人员进行必要的理论指导，促进训练效果和训练质量的提高；观摩高水平的乒乓球比赛或录像，加深对乒乓球运动规律和特征的认识。业余选手在没有人指点的情况下，自己悟出道理非常重要。

三、训练方法

常用的训练方法主要如下：

1. 单线练习法

按规定的单一线路进行练习，包括单一技术（如右方斜线对攻、左方斜线对推）和两个或两个以上技术组合的练习（如左方斜线对推中侧身攻斜线、右方斜线削中反攻斜线等）。

2. 复线练习法

包括以一种技术进行两条不同线路的练习和以两种不同技术进行两条不同线路的练习。前者也称一点打两点，如正手攻斜、直线；后者也称两点打一点；如反手推斜线、正手攻直线。

3. 有规律和无规律的变化练习

有规律的变化，是为了给练习者提供相对稳定的练习条件，如一左一右、拉右扣左、推挡侧身攻直线、两斜对两直（即一方打两条斜线，对方只能打两条直线）。无规律的变化，是为了提高练习者的变化能力和应变能力，增加一定的练习难度。这种练习应在有规律变化的基础上，与无规律变化交叉进行，如无规律的左推右攻，逢斜变直或逢直变斜（即在一个回合中，一方如打斜线，对方必须回直线，反之亦然）。

4. 落点变化练习

包括同线长、短落点变化（如先慢搓底线长球后快搓近网短球；拉底线长球，摆近网短球等）和异线长、短落点变化（拉左方底线，搓中路近网短球等）。

5. 死线活练

这种练习方法即必须完成规定的击球数量，但要正确处理好数量和质量的关系，应在保证击球质量的基础上完成一定的数量。

（1）双方共同完成指标法，如正手对攻累计 100 次。

（2）单方完成指标法，如推挡→侧身攻→扑正手斜线、直线各 50 组。

（3）倒扣法，如搓中突击完成 100 次，成功后累计，失误则倒扣。

6. 比赛法

这是一种以比赛代训练的方法，是训练的一种有效手段。

（1）检查性比赛。通过比赛发现存在的问题，或用规定的技术、战术进行比赛，检验训练的效果。

（2）擂台赛。3～4 人一组，只打一局，胜者对垒，败者等候轮转再战。

（3）升降台赛。两人一台，数台同时比赛，胜者向右方挺进，败者向左方挪动，反复进行。

（4）轮换发球法。一人只发一球，交替进行。

（5）发球记分法。发球者得分继续发球，发球者失分将失去发球机会,由对方发球,继续比赛。

(6) 让分比赛法。特许一方向另一方让分进行比赛,如开始比赛时的比分为0∶5或6∶9。

(7) 关键球比赛法。假设比赛进行到9∶9或10∶10;或对方领先一分比分为10∶9,同时对方有发球权等。

7. 多球训练法

多球训练法是我国在20世纪60年代推行“从难、从严、从实战出发,科学安排大运动量”的训练方针中创立的,并逐渐推广到世界各地。用若干个球练习可以节省拣球的时间,增加击球的次数;可以在单位时间内增大练习密度;能提高单位时间内击球的速率;能增大跑动范围,提高练习的难度;如适当延长攻球的时间和数量,能提高击球的力量,同时还能培养克服困难的意志品质和顽强作风。一个人时,可以用多球练习发球、扣机会球等。用多球练习,对供球者来说超越了比赛的实际,变成了简单的重复;而练习者减少了对来球的判断,击球时不必讲究每一板球的相互联系和主动变化,还容易产生局部肌肉疲劳现象,这是需要注意的问题。

第三节　基本功的概念和内容

一、基本功的概念和内容

乒乓球运动的基本功,是指练习者为了达到某个层次水平相应必须具备的基本技能和基本体能。所以,单个技术不是基本功,基本技术也不是基本功,手法好不等于基本功好。技术是理想的动作模式,是合理的动作方法,只有熟练地运用技术才能提高技能,而技能又必须建立在一定的体能基础上。

基本技能主要指技术质量、变化能力和适应能力。技术质量包括击球的准确性和威胁性。击球的命中率高低是衡量基本功好坏的第一要素，任何一项基本技术都要能在实战中用得上，尤其在落后的情况下，或是关键时刻，保持技术动作不变形，才能具备一定的竞技能力和威胁性。变化能力是指主动变化速度、力量、旋转、落点、节奏的能力。首先要有主动变化的意识，逐步提高变化力量、旋转、节奏等的综合能力。这种能力集中体现为触球的瞬间如何改变击球的线路、旋转的性质与强弱、力量的大小等。例如，有的人回击反手位的球只会用力推，不会借力挡，也不会回击强烈的上旋球，反手位暴露出明显的漏洞。有的人侧身攻只能打斜线，对方送给你侧身的机会，可以等在那里打你的空挡，这种“习惯性变线”在业余选手中是常见的。适应能力包括适应对方速度、力量、旋转、节奏落点变化的能力。在乒乓球运动的对抗中，变化是绝对的，不变是相对的。只有适应变化的能力提高了，提高主动变化的能力才有可能；同时，主动变化的意识和能力提高了，适应变化的能力将同步增强。因此，变化能力和适应能力是基本技能中相互依存、相互影响、相互促进的两个方面。

基本体能主要指专项身体素质，即符合乒乓球运动特点要求的一些专门身体素质，包括判断能力、反应速度、步法移动速度、击球爆发力、动作速度、动作频率及力量耐力等。有人的某种素质或某些素质比较好是天赋，在业余选手中，一些人的击球动作看不上眼，但打起球来给人很实惠的感觉。通过大量的练习，任何人的专项身体素质都是可以提高的，问题是要认识到身体素质的重要性和必要性。否则，练就扎实的基本功成为空谈。例如，注重手法，忽视与步法的有机结合；注意技术动作定型，忽视了正确的发力方法；追求没有质量的数量；正、反手转换速度太慢等，在实战中根本用不上。

技术与技能之间，技术质量与变化和适应能力之间，技能与体能之间有着不可分割的联系。如果没有掌握正确、合理的技术动作方法,形成技能谈何容易。而变化和适应能力的强弱,反映出技术质量的高低;但如果一味强调技术质量而忽视变化和适应能力的提高,所获得的技术质量是靠不住的,在实战中难以表现出来。同时,一定的体能决定一定的技能,体能提高了,更有利于促进技能的提高。因此,在按排基本功练习时,应根据自己的实际情况有所侧重。一般情况下,在初学阶段和水平较低时,应以提高技术质量为主,逐渐偏重于变化和适应能力的练习,这是因为技术质量在很大程度上影响着变化能力和适应能力。熟练是技术练习的最终目标,熟能生巧,熟练了才能灵活运用。同时,应该有意识、有目的地打好身体素质基础,为今后技能的提高创造先决条件。

二、几种主要类型打法基本功训练的内容和要求

在长期的练习和比赛中,乒乓球爱好者会选择性地产生自己的特长技术,并形成以某种技术为主的打法。下面介绍几种主要打法的基本功训练的内容和要求。

1. 以快攻为主的打法

技术质量:重点提高球的力量和速度,但必须与提高击球准确性有效地结合起来。

变化能力:应以加强落点和节奏变化为主,旋转变化为辅。

适应能力:在具有适应力量、落点、节奏变化能力的同时,着重培养适应较强旋转(包括上、下旋)和旋转变化的能力。

基本体能:以提高反应速度、移动速度和击球摆速为主,相应提高击球爆发力和力量耐力。

2. 以弧圈球为主的打法

技术质量:重点提高击球的旋转和力量,但必须建立在提高击球准确性和连续拉的能力基础上。

变化能力:应以加强旋转变化为主,速度和落点变化为辅。

适应能力：在具有适应速度、力量、节奏变化能力的同时，在一定阶段着重培养适应旋转变化的能力。

基本体能：重点提高击球的力量，尤其是击球的爆发力，全台跑位的移动速度，相应提高判断能力、击球的摆动幅度和速度以及专项耐力。

3. 以削球为主的打法

技术质量：重点提高击球的准确性，但必须与控制球的合适弧线有机地结合起来。

变化能力：应以加强旋转变化、落点变化为主。

适应能力：应以适应来球的线路变化、落点变化和旋转变化为主，适应重板扣杀为辅。

基本体能：重点提高专项耐力、步法移动速度，相应提高反应速度、判断能力和全身协调能力。

4. 削攻结合的打法

技术质量：重点提高削球的稳健性和攻球的突然性，但必须与削球的旋转和攻球的准确性结合起来。

变化能力：应以提高旋转变化、攻防转换能力为主，节奏变化能力为辅。

适应能力：应以提高适应旋转变化、落点变化、力量变化的能力为主。

基本体能：重点提高削、攻的转换速度，步法移动速度和用力肌肉群的共济性，相应提高反应速度、选择能力和耐力。

5. 不同性能球拍的打法(包括一面反胶，一面生胶或长胶)

技术质量：重点是熟练运用倒拍技术，以提高击球的准确性为主。

变化能力：应以加强旋转变化、节奏变化、落点变化为主，力量变化为辅。

适应能力：应以提高适应来球力量变化、旋转变化的能力为主,提高适应速度变化为辅。

基本体能:重点提高反应速度,判断能力和手腕、手指的调控能力,相应提高击球力量。

第四节 比赛期间的主要工作

一、赛前准备工作

1. 思想与心理方面的准备工作

有组织的比赛,不同于平时的一般比赛,由于比赛的名次是评价一个队或一个人实际水平的客观依据,每个队员都会有这样或那样的想法,越是临近比赛,心情也就越紧张,思想活动也越多。如果在赛前不能解决好思想与心理上的各种障碍,将影响队员在比赛中技术和战术的正常发挥,甚至出现意外情况。每个人的社会阅历不同,而且表现的形式也不一样,领队或教练员应鼓励每个队员敢于暴露自己的真正想法,努力创造一种氛围,使每个队员能解放思想,轻装上阵,并用不同的方法解决不同的问题。除进行思想工作外,还可配合相应的心理调节,如进行模拟比赛等。

2. 后勤工作

后勤方面的准备工作包括费用预算,添置设备、器材,购买服装,安排练习场地,联系比赛期间运动员的吃、住、行等。这项工作要选定专人负责,计划使用资金,切不可铺张浪费。

3. 赛前备战工作

(1) 团体比赛的抽签结果公布后,要通过各种途径了解同组各个队的实力水平,认真研究、分析每个对手的技术、战术和心理特点;要把对自己威胁较大,或者可能影响全队出线和影响本队名次的队列为重点对象;对特别重要的关键场次,应集思广益,反复研究，制订初步的作战方案。比赛开始后，应指派专人有目的、有针对性地对对方的重点选手作进一步的跟踪观察，使作战方案更切实际，更为周密。

（2）赛前集中练习，其目的是为了让运动员对即将开始的比赛有个适应的过程，并作好心理、身体、技战术方面的准备，也有利于队员之间的相互了解，增强凝聚力。常用的方法有：① 进行针对性练习，有意识地选择与比赛对手打法相近的队员进行练习和比赛。② 强化实用技术和战术的练习，使之更加熟练和实用；或者根据自己的薄弱环节，进行专门的练习。③ 上午、下午和晚上都应安排训练时间，以适应正式比赛的需要。每天都应有一定时间的记分比赛，每周安排 1 ~2 次比赛（队内与队外比赛）。④ 赛前练习时间不宜过长，应根据比赛的规格而定，一般大赛以练习一个月为宜。要强调组织性，统一指挥、统一行动。每个队员应安排好自己的本职工作，切不可三天打鱼两天晒网。⑤ 在可能的情况下，尽量使用大会指定的设备、器材，以增强适应性。⑥ 应特别注意调整队员的情绪与竞技状态，运动负荷要合适，要注意防止队员过度疲劳或受伤，教育队员不参加搓麻将等容易分散精力的娱乐活动。⑦ 应安排好适应比赛场地和比赛环境的练习，如果客观条件不允许，也应努力争取去比赛场地看一看，做到心中有底。

二、比赛中的工作

1. 开好准备会

准备会要务实，时间要充分，多从实战方面考虑，调动一切有利因素，形成全队的共识。

（1）决定出场人选和确定出场阵容。对团体赛人员的确定，应持慎重态度。必须考虑双方队员的多方面情况，既要根据平时的表现，又要注意开赛后的变化，如竞技状态、体力状况、比赛情绪等，不可迷信队员平时的水平而忽视临场的表现，也不要因为一场比赛的失利而动摇对其整体的评价。教练员应把对方排阵的可能性与我方排阵的多种方案提出来，请队员参加讨论，广泛征求意见。

(2) 明确战术指导思想和具体战术方案。对于赛前已作过充分准备的场次，可由教练员和队员先介绍在比赛过程中了解到的实际情况，再由参赛队员提出由自己修改后的作战方案，经大家补充后，最后由教练员决定比赛的安排、指导思想和具体战术。对于赛前尚未充分研究的场次或根据最新情况须对原作战方案进行较大变更的场次，可由教练员或决定上场的队员先提出具体的战术方案，然后请大家发表意见，最后提出明确的战术要求。

(3) 单项比赛的准备会。一般场次的比赛，可采用教练员与队员直接交流的方式进行。关键场次的比赛，可邀请有关人员召开专门的准备会。

2. 临场指导

在局间休息时间或其他经批准的中断时间内给予参赛队员一定的指导，能帮助运动员正确分析场上形势，灵活运用并及时调整技术和战术，这往往会对胜利起到重要的作用。

(1) 对临场指导的要求。① 在没有专职教练的情况下，选择有一定比赛经验的队员担任指导，防止七嘴八舌，以免场上队员无所适从。② 头脑清醒，稳健沉着，不为场上的一分得失所左右；切忌挖苦、嘲讽队员，更不应该辱骂队员。③ 发现问题要迅速、准确，解决问题要果断、求实。④ 语言简洁，表情温和，给队员以亲切感。⑤ 正确对待场上队员的不同意见，允许队员随机应变，及时调整战术方案，以避免贻误战机。

(2) 临场指导的内容。① 明确既定的战术指导思想和基本战术。② 确定开局比赛的战术意图。③ 布置具体的战术实施，如发球的旋转性质、落点，接发球的方法与线路，相持中变主动的手段等。④ 对方适应或改变战术后，应及时对本方队员授以对策。⑤ 对特殊球或关键球处理的指导。如队员对某种发球总接不好，应及时提示他接此球的方法。⑥ 加强对场上队员的心理指导。场上队员在比赛中的心理变化是很复杂的，在比分领先、落后、拉锯战时，都可能会产生不同的心理反应，也会因比赛的层次不同、对手不同而产生不同的心理反应。临场指导时，应注意把心理指导和技术、战术指导有机结合起来。

3. 及时做好比赛小结

一场比赛后，无论胜负，无论预赛还是决赛，无论对手强弱，都要及时小结，总结经验教训。要善于从胜利中找不足，从失败中看长处，千万不可单纯地以胜败论英雄。小结的形式和时间可依据情况而定。营造一种积极和谐的气氛，才能真正达到小结的目的。

三、赛后工作

竞赛只是群众体育活动的一个组成部分，但是倘若没有竞赛，群众活动将会失去活力。竞赛活动不仅可以从各个方面反映出本单位开展乒乓球运动的普及程度、基础水平、组织能力等，更重要的是能推动乒乓球运动的广泛开展。赛后总结正是为了扬长避短，正确指导该项活动在本单位的进一步开展。总结中，应做到畅所欲言，实事求是，做到物质奖励和精神奖励相结合。赛后总结也是一种必要的修整。

第八章　乒乓球竞赛的组织工作

第一节　竞赛的组织

一、竞赛工作的程序和内容

竞赛是体育运动一种不可缺少的形式,也是促进全民健身活动的重要途径之一。体育竞赛可吸引和鼓励人们参加体育锻炼,推动群众性体育活动的开展,也能互相交流,促进运动技术水平和精神文明程度的提高。竞赛组织工作的好坏关系到竞赛活动的成败,直接影响到能否有效地发挥竞赛活动的特有作用。竞赛的组织工作一般可分为竞赛前的准备工作、竞赛期间的工作和竞赛后的结束工作。

1. 竞赛前的准备工作

(1) 由竞赛发起单位组织办事机构。规模大的比赛应成立筹备委员会;规模小的比赛,由主办单位指定少数熟悉竞赛业务、办事认真踏实的人负责组织,一般由工会的文体干事负责组织。基层单位的比赛只设竞赛组和秘书组,竞赛组负责竞赛、裁判、场地、设备等工作,秘书组负责宣传,组织观众,发通知、文件等。

(2) 配备办事人员,拟定工作计划及作出经费预算。

(3) 制定竞赛规程。主办单位根据比赛的目的、规模、时间、经费等情况,拟定竞赛规程,在比赛前尽早地发给参赛单位。同时,还应随同竞赛规程附发报名表,要求参赛单位按规程规定逐项填写,在报名截止日期前送交主办单位。

(4) 接受报名,审查参赛人员资格。

(5) 由裁判长主持抽签,编排比赛程序。

(6) 印发比赛秩序册。

(7) 准备好比赛场地、器材,安排好赛前练习场地及时间、台号等。

(8) 组织裁判员学习规程、裁判方法和有关文件,熟悉并检查场地、器材。

(9) 召开裁判长、领队及有关人员的联席会议。

2. 竞赛期间的工作

(1) 掌握比赛进展情况,及时总结经验,保证比赛顺利进行。

(2) 及时公布比赛成绩,规模大的比赛应印发成绩公报。

(3) 保证器材(比赛用球、记分表等)、灯光等的及时补充。

3. 竞赛后的结束工作

(1) 整理比赛成绩和所有相关文件,汇编竞赛资料,大型比赛应印发成绩册。

(2) 做好器材的清理、回收工作。

(3) 做好全部竞赛工作的总结。

(4) 安排好运动员和裁判员的离会工作。

二、竞赛规程和秩序册

1. 竞赛规程

竞赛规程是整个竞赛活动的指导性文件,是组织竞赛的唯一依据,是比赛的组织者和参加者必须共同遵守的规定细则。竞赛规程要有明确的格式、事项和要求,结合具体情况,做到内容全面、简明,文字严谨。竞赛规程的具体内容应包括:竞赛名称、比赛目的和任务、比赛时间和地点、报名截止日期、参加单位和报名方法、报到日期、竞赛项目、竞赛办法、比赛用球、录取名次和奖励、裁判员的选派等。

2. 秩序册

秩序册是裁判员按顺序组织比赛的依据,是教练员和运动员参赛的指南,也是其他有关人员管理竞赛工作的根据,必须保证准确无误,并及时发放到各办事机构、运动队和裁判员手中。秩序册的内容应包括:竞赛规程、组织委员会名单、大会办事机构、仲裁委员会名单、裁判员名单、运动队名单、大会活动日程、比赛日程表、团体比赛秩序表和单项比赛秩序表、比赛成绩记录表、场地分布图等。

第二节　比赛项目和团体赛形式

一、比赛项目

乒乓球比赛(如世界锦标赛)共有7个正式项目:

男子团体——斯韦思林杯(前国际乒联名誉主席、英国的斯韦思林夫人(蒙塔古的母亲)赠送)。

女子团体——马塞尔·考比伦杯(原法国乒协主席马塞尔·考比伦先生捐赠)。

男子单打——圣·勃莱德杯(原英格兰乒协主席伍德科先生捐赠,以伦敦圣·勃莱德乒乓球俱乐部命名)。

女子单打——吉·盖斯特杯(由古·盖斯特先生捐赠)。

男子双打——伊朗杯(由前伊朗国王捐赠)。

女子双打——波普杯(由前国际乒联名誉秘书波普先生捐赠)。

混合双打——兹·赫杜塞克杯(由原捷克斯洛伐克乒协秘书兹·赫杜塞克先生捐赠)。

二、团体赛赛制

从世乒赛初期到20世纪80年代中期,女子团体赛为五盘三胜制,男子团体赛为九盘五胜制,每场三局两胜制,每局21分记分法。女子团体赛的比赛顺序为:

① A—X

② B—Y

③ 双打(由报名参加团体赛的4名选手任意配对)

④ A—Y

⑤ B—X

男子团体赛的比赛顺序为:

① A—X

② B—Y

③ C—Z

④ B—X

⑤ A—Z

⑥ C—Y

⑦ B—Z

⑧ C—X

⑨ A—Y

1989年第40届国际乒联代表大会上,通过决议将男子团体赛的九盘五胜制改为4盘单打、1盘双打组成的五盘三胜制。

比赛顺序为:

① A—X

② B—Y

③ B/C—X/Z

④ A—Y

⑤ B—X

1993 年第 42 届世锦赛上，男子团体采用全部为单打的五盘三胜制。在 1995 年第 43 届世锦赛期间召开的国际乒联代表大会通过决议，女子团体赛也取消第三盘双打，同样采用男子团体比赛方式，使用至今。

现行男、女团体赛的比赛顺序为：

① A—X

② B—Y

③ C—Z

④ A—Y

⑤ B—X

2005 年 10 月 27 日，国际乒联决议，在 2008 年第 29 届北京奥运会上，男、女双打由男、女团体代替，旨在减少某一代表团对奖牌的垄断，增加比赛的观赏性，防止中国选手包揽冠亚军现象的再次出现。同年 12 月 15 日，国际乒联在瑞士洛桑公布了北京奥运会团体赛的赛制：每次出 3 名队员参加团体赛，每场团体赛打五盘，第三盘为双打，其余四盘为单打；每名队员最多只能参加两盘比赛（单、双打全部包括在内），第三盘双打不能由前两盘已经出场的两名单打选手配对；参加双打比赛的人选，可以在前两盘单打比赛结束之后由教练员临时决定；第四、第五盘单打比赛，此前单打比赛过的选手不能再次对垒，即主队的第四盘单打由未参加双打的队员出场，客队的第四盘单打由未参加前两场单打的队员出场；赛前双方抽签确定主客队。2006 年中国乒超联赛将推行北京奥运会团体赛的赛制。北京奥运会男、女乒乓球团体赛的出场顺序为：

① A—X	或	① A—X	或	① A—X	或	① A—X
② B—Y		② B—Y		② B—Y		② B—Y

③ A/C—X/Z	③ A/C—Y/Z	③ B/C—X/Z	③ B/C—Y/Z
④ B—Z	④ B—Z	④ A—Z	④ A—Z
⑤ C—Y	⑤ C—X	⑤ C—Y	⑤ C—X

三、团体比赛程序

乒乓球团体比赛的程序如下：

(1) 所有出场运动员应出自团体报名表(团体赛报名人数为女4男5)。

(2) 团体赛前由抽签的中签者优先选择A、B、C(主队)或X、Y、Z(客队)。由队长提交给裁判长或其代理人该队名单,并对每一名单打运动员确定一个字母所代表的相应位置。

(3) 双打比赛的配对名单不必立即提交,可到前一盘单打比赛结束后再提交。

(4) 需要连场的运动员有权在连场的比赛之间有最多5分钟的休息。

(5) 当一个队赢得足够多数场次时,为一次团体比赛结束。

第三节　乒乓球比赛的方法

乒乓球比赛的常用方法主要有循环赛和淘汰赛两种,如果把这两种方法结合运用,则叫混合制。比赛方法的选用要依据比赛的目的、场地、参加的队数(人数)等条件而定。

一、循环赛

参加比赛的队或运动员之间轮流比赛一次,称为循环赛。这种方法能使参加比赛的各队或运动员之间都有比赛的机会,并能比较准确地决出参赛队或运动员的名次。但单循环赛的场数多，比赛时间长，需用的场地、器材多，因此参加循环赛的队数或人数不宜过多；否则，应采用分组循环的办法来进行。

1. 循环赛轮数的计算

在循环赛中，各队或运动员普遍出场一次称为“一轮”。当参加的队数或人数为双数(偶数)时，轮数=队(人)数-1。如6个人进行单循环则需要5轮比赛；当参加的队数(或人数)为单数(奇数)时，轮数=队(人)数，如7名运动员进行循环赛需要进行7轮比赛。不管参赛队的队(人)数是偶数还是奇数，比赛的轮数总是奇数。

2. 比赛场次的计算

比赛次(场)数的计算，可用下列公式：比赛次(场)数=N(N-1)/2，N指参赛队数。例如，7个队参加循环赛，需进行7×(7-1)/2=21次比赛。计算轮数和比赛场次数的意义在于：它使比赛的组织者能够在筹备比赛时，先准确无误地统计出打完全部比赛需进行的比赛轮数和场数，再根据球台数量合理安排比赛日程以及裁判员人数。

3. 循环比赛顺序的确定

确定循环赛的比赛顺序，要考虑到比赛场次进行的一致性，避免连场；还应注意到每一轮比赛中强队和弱队的搭配，尽量使水平接近的队(或人)在最后一轮相遇，从而使比赛逐步形成高潮。常用的排序方法如下：

(1) 固定逆时针轮转法，即1号位置固定不动，其他位置按逆时针方向轮转一个位置，然后排出各轮的比赛顺序。若为6个队参加单循环赛，排序方法如下表：

第一轮	第二轮	第三轮	第四轮	第五轮
1-6	1-5	1-4	1-3	1-2
2-5	6-4	5-3	4-2	3-6
3-4	2-3	6-2	5-6	4-5

(2) 固定顺时针轮转法。为了使实力接近的比赛在最后一轮出现,可以先确定最后一轮的比赛顺序,然后按顺时针方向轮转,倒推出前一轮的比赛顺序。以6个队为例,如下表:

第一轮	第二轮	第三轮	第四轮	第五轮
1-4	1-6	1-5	1-3	1-2
2-6	4-5	6-3	2-5	3-4
3-5	2-3	4-2	6-4	5-6

(3) 当参赛的队(人)数为单数时,用"0"补成双数,然后用逆时针轮转排出各个轮次的比赛顺序,其中遇到"0"者,即为该场轮空。以7个队为例,如下表:

第一轮	第二轮	第三轮	第四轮	第五轮	第六轮	第七轮
1-0	1-7	1-6	1-5	1-4	1-3	1-2
2-7	0-6	7-5	6-4	5-3	4-2	3-0
3-6	2-5	0-4	7-3	6-2	5-0	4-7
4-5	3-4	2-3	0-2	7-0	6-7	5-6

这种逆时针轮转法存在着一个较为明显的缺点,即当参加比赛的队(或人)为单数时,序号排列为N减1(N为队或人数)的队,从第四轮开始,其比赛对手在前一轮都处于"轮空"状态,使该队从第四轮比赛开始,与其对手相比,体力处于不利的状态之下。这种现象若出现在篮球、排球、足球等其他球类的项目的比赛中,其问题的严重性会更加明显。

(4) 优化轮转法。这种轮转法既保持了传统轮转法的特点,又有效地克服了上文指出的缺点。仍以7个队(或人)为例,如下表:

第一轮	第二轮	第三轮	第四轮	第五轮	第六轮	第七轮
1-0	4-0	7-0	3-0	6-0	2-0	5-0
2-7	5-3	1-6	4-2	7-5	3-1	6-4
3-6	6-2	2-5	5-1	1-4	4-7	7-3
4-5	7-1	3-4	6-7	2-3	5-6	1-2

优化轮转法的特点是：① 比赛逐轮进行，保证了各队进度的一致。② 最重要的一场比赛（1－2）不仅被排在最后一轮，而且被排在最后一场；实力最强的三个队被排在最后的三轮比赛中，使比赛后段达到高潮，并在高潮中结束。③ 除第二轮外，每一轮都有实力相当的比赛，各轮比赛的强弱搭配相当均匀。④ 对最强的"1"队来说，比赛对手的实力由弱到强，体现了对可能获得冠军的队的照顾。⑤ 轮空顺序有规律，一个队与轮空队比赛之后，下一轮就轮空，机会均等，有效地克服了传统轮转法的严重缺点。

4. 循环赛计算名次的方法

国际竞赛规程中规定：胜一场得2分，输一场得1分，未出场比赛或未完成比赛的场次得0分，小组名次根据所获得的场次分数决定；如果小组内两个或更多的成员得分数相同，他们有关的名次应按他们相应之间比赛的成绩决定。首先计算他们之间获得的场次分数，再根据需要计算个人比赛场次（团体赛时）、局和分的胜负比率，直至算出名次为止。如果在任何阶段已经决定出一个或更多小组成员的名次后，其他小组成员仍然得分相同，为决定相同分数成员的名次，根据上述程序继续计算时，应将已决定出名次的小组成员的比赛成绩删除。如果按照以上所规定的程序仍不能决定某些队（人）的名次时，这些队（人）的名次将由抽签来决定。

例1：

团体赛	A	B	C	D	E	获胜分数	名次
A	×	3:0	3:0	3:0	3:1	8	1
B	0:3	×	3:1	3:1	0:3	6 3 $\frac{3}{4}$	4
C	0:3	1:3	×	3:1	3:1	6 3 $\frac{4}{4}$	3
D	0:3	1:3	1:3	×	0:3	4	5
E	1:3	3:0	1:3	3:0	×	6 3 $\frac{4}{3}$	2

计算步骤:

① 先计算五个队的获胜分数。

A 胜 4 次负 0 次　计 8 分　第一名

B 胜 2 次负 2 次　计 6 分

C 胜 2 次负 2 次　计 6 分

D 胜 0 次负 4 次　计 4 分　第五名

E 胜 2 次负 2 次　计 6 分

② B、C、E 三个队获胜分数相等,均为 6 分。计算这三个队之间的相互获胜分数:

B 胜 C 负 E　计 3 分

C 负 B 胜 E　计 3 分

E 胜 B 负 C　计 3 分

③ 三个队之间的获胜次数仍相等,需进行下一步计算:

B、C、E 三个队之间$\frac{胜}{负}$场数比率为:

B 对 C 胜 3 场负 1 场,计$\frac{3}{1}$

B 对 E 胜 0 场负 3 场,计$\frac{0}{3}$

B：$\frac{3+0}{1+3}=\frac{3}{4}=0.75$　第四名

C 对 B 胜 1 场负 3 场,计$\frac{1}{3}$

C 对 E 胜 3 场负 1 场,计$\frac{3}{1}$

C：$\frac{1+3}{3+1}=\frac{4}{4}=1$　第三名

E 对 B 胜 3 场负 0 场,计$\frac{3}{0}$

E 对 C 胜 1 场负 3 场,计$\frac{1}{3}$

E：$\frac{3+1}{0+3}=\frac{4}{3}=1.33$　第二名

例2:

团体赛	A	B	C	D	E	F	获胜分数	名次
A	×	3:1	3:2	1:3	0:3	3:1	842	3
B		×	2:3	0:3	3:2	2:3	6	6
C			×	3:0	2:3	3:1	841	4
D				×	3:2	1:3	852	1
E					×	3:1	851	2
F						×	7	5

计算步骤:

① 先计算各队获胜分数,F、B 队分别为第五、第六名。

② A、C、D、E 队皆为胜 3 负 2(次),均获 8 分;须计算这 4 个队之间获胜分数,A、C 均为 4 分,确定为第 3、第 4 名;D、E 均为 5 分,确定为第一、第二名。

③ 分别计算出 D、E 间与 A、C 间的获胜分数:D 胜 E 得 2 分,E 负 D 得 1 分,可知 D、E 分别为第 1、第 2 名;A 胜 C 得 2 分,C 负 A 得 1 分,A、C 分别为第三、第四名。

5. 分组循环赛

单循环赛虽然能比较正确地排定所有参赛队(或人)的名次,但是在参赛队(或人)数较多的情况下,因比赛场次多而给比赛的组织和管理带来困难,此时可采用分组循环赛。分组循环赛最常用的编排法为"蛇行排列方法",即按照各队实力强弱排列它们的顺序号(通常是按照上届比赛的名次排列)。顺序号越小,实力越强;反之,实力越弱。分组时要求各组实力平均,即每个组的顺序号相加都相等。

例如,16 队分成四组:

第一组:1 8 9 16 (34)

第二组：2 7 10 15 (34)

第三组：3 6 11 14 (34)

第四组：4 5 12 13 (34)

有的球类项目则在“蛇行排列”的基础上，将种子队与非种子队按分批抽签的方法来进行分组，即1至4号队（种子队）固定在1至4组或用抽签的方法进入1至4组；然后5至8号、9至12号、13至16号分别抽签进入1至4组。但分组循环后，还应增加第二阶段的比赛，以排出全部名次。常用的方法有两种：

(1) 各组同名次比赛。如第一阶段分为四组进行小组循环，第二阶段比赛各小组的第一名为一个组进行单循环赛，决出第一至四名；各小组的第二名为一个组，决出五至八名，依此类推。

(2) 交叉比赛。第一阶段分成两个组进行循环赛，第二阶段由每个组的前两名进行交叉比赛，决出冠亚军及其他名次。

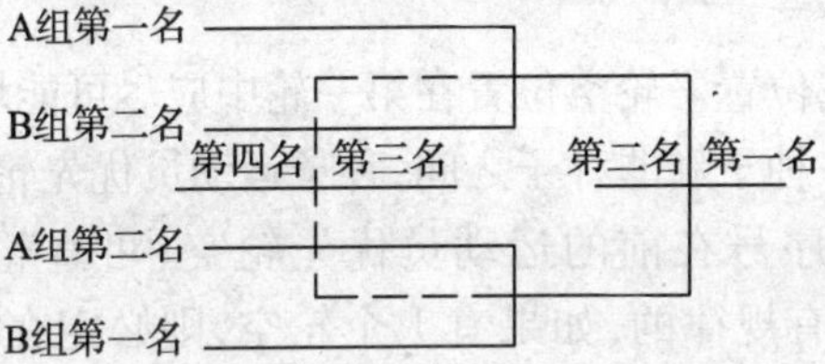

采用此法，由各组的三、四名交叉决出第五至八名；各组五、六名交叉决出第九至十二名，依此类推。

二、淘汰赛

参加比赛的队（或人）按照编排秩序进行比赛，胜者进入下一轮比赛，负者被淘汰，直到决出冠军，称为淘汰赛。淘汰赛的场次相对较少，有利于在较短的时间内安排较多的选手进行比赛。但这种方法合理性差，不完整性和机遇性强，须采取一些措施来克服这些缺陷，才能在实际应用中发挥它的作用。

1. 位置数的选择

淘汰赛第一轮的位置数应选择 2 的幂。比赛常用的位置数是：$2^3=8$，$2^4=16$，$2^5=32$，$2^6=64$，$2^7=128$。

2. 轮数和比赛场数的计算

（1）轮数。所用位置数的指数即为轮数，2 的几次方即为几轮。

（2）场数。参加比赛的人数 - 1 = 场数（只决出冠亚军）。

例如，32 人参加淘汰赛，要打 5 轮 31 场比赛才能决出冠军。

3. 轮空

如果位置数多于已接纳的报名人数，第一轮应设置足够的轮空位置以补足位置数目。没有运动员的位置称为“轮空”位置。

（1）轮空数。轮空数 = 位置数 - 报名人数。

例如，30 人参加淘汰比赛，选用 32 个位置数，轮空数为 32 - 30 = 2。

（2）轮空位置。轮空位置在第一轮中应尽可能均匀地分布在各个区内。在种子和非种子之间，种子运动员优先轮空；在种子队员之间，种子序号在前的运动员优先轮空（可查轮空位置表确定）。轮空是有规律的，如果有 1 个轮空，则必定在上半区；如果有 2 个轮空，上、下半区各 1 个，如果有 3 个轮空，则上半区 1 个，下半区 2 个；如果有 5 个轮空，则上半区 3 个，下半区 2 个；如果有 7 个轮空，则上半区 3 个，下半区 4 个；依此类推。

4. 预选赛（抢号）

如果位置数少于已接纳的报名人数，应举行预选赛，使预选赛出线人员和免丁参加预选赛的人数的综合等于所需的位置数。通过预选赛的选手应按情况尽可能抽入相应的上下半区、各 1/4 区、1/8 区或 1/16 区。预选赛是在同一位置上的，先进行一场比赛，胜者进入该号（即抢号）。预选赛位置和轮空位置一致，“抢号”也算一轮。

例 1：10 人参加单淘汰赛，须打 4 轮 9 场比赛，比赛秩序编排如下：

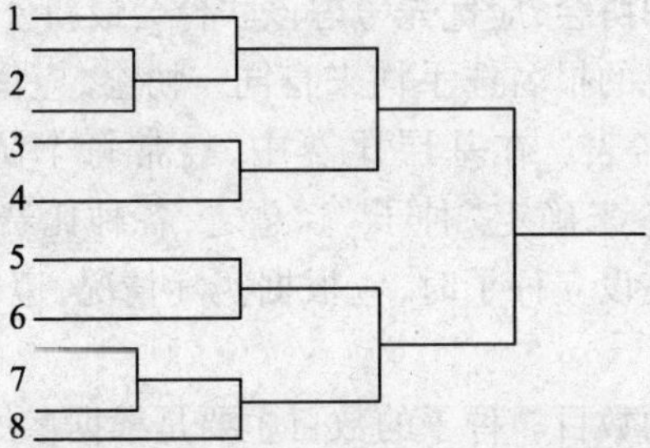

例 2：20 人参加单淘汰赛，选用 16 个位置数，比赛秩序编排如下：

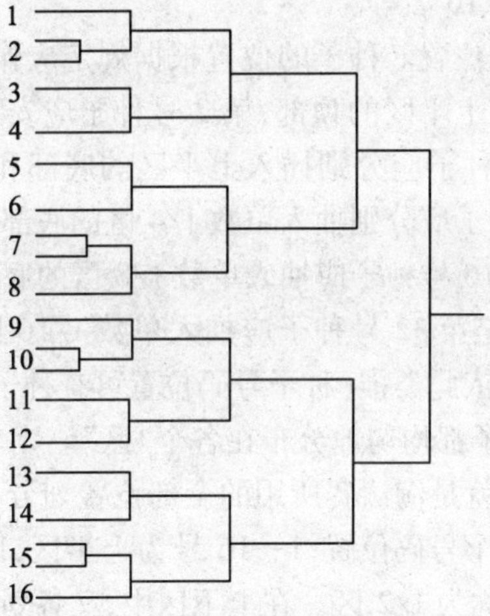

5. 种子

(1) 设立种子的作用。采用设立种子的方法是为了克服淘汰赛的不合理性。排名在前的选手应被列为种子，以便在比赛进行到较后轮次时相遇。

(2) 排列种子的原则。在团体淘汰赛中，每一协会中排名最高的队才有资格被列为种子。排列种子应按国际乒联最新公布的排名表为准。但如果符合种子条件的报名选手(队)均来自同一洲联合会下属的协会,应优先考虑该联合会最新公布的排名表;如果符合种子条件的报名选手均来自同一协会,应优先考虑该协会最新公布的排名表。在基层比赛中,经常每个队各设 1 名“种子”,或通过抽签来确定“种子”。总之,各种比赛的水平层次不同,条件不同,在设立种子时,应根据实际情况,遵循原则,尽量做到基本合理。

(3)种子的数目。种子的数目主要是根据参加比赛的人数多少来确定的。种子数不得超过该次比赛第一轮的选手数,一般情况下,6~12 名选手设 1 名种子;同时,种子数应尽可能是 2 的倍数,如 4 名、8 名、16 名等。

(4)种子的位置。种子的位置根据规定应作如下安排:第 1 号种子应安排在上半区的顶部;第 2 号种子应安排在下半区的底部;第 3、第 4 号种子应分别插入上半区的底部和下半区的顶部;第 5 至第 8 号种子应分别抽入单数 1/4 区的底部和双数 1/4 区的顶部;第 9 至第 16 号种子应抽入单数 1/8 区的底部和双数 1/8 区的顶部。第 17 至第 32 号种子应抽入单数 1/16 区的底部和双数 1/16 区的顶部;依此类推(种子号码位置可查种子位置表)。事实上,淘汰赛的种子都均匀地分布在各个“区”。

所谓“区”,就是淘汰赛所用的全部位置划分成的若干相等的部分。例如,32 个号码位置,1—16 号为上半区,17—32 号为下半区,上下半区又称为 1/2 区。在上下区中,又各划分成相同的两部分,称为 1/4 区;每个 1/4 区又可划分成相同的两部分,称为 1/8 区。如设 4 名种子,应该分别抽入 4 个不同的 1/4 区;如设 8 名种子,应该分别抽入 8 个不同的 1/8 区。

例如,采用 64 个位置,设 8 名种子,其种子位置如下表(有 * 号者为种子):

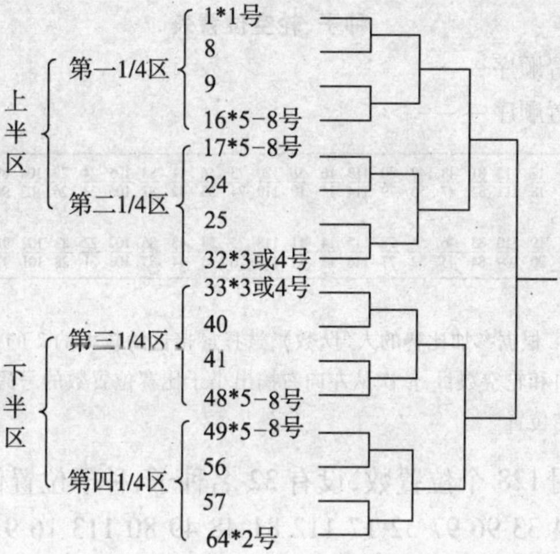

从上表可以看出，第1号种子在位置数1，第2号种子在位置数64，第3、4号种子在位置数33、32（采用抽签定位），第5至8号种子在位置数17、48、49、16（采用抽签定位）。

同时，规则还规定：来自同一协会（单位）的报名选手应尽可能合理分开，使他们在比赛进行到较后的轮次时相遇；各协会应按技术水平由强至弱排列其报名运动员和双打配对的顺序，并应与种子排名表的顺序一致。排列为第1和第2号的选手应被抽入不同的半区，第3和第4号选手应被抽入没有本协会第1和第2号选手所在的另外两个1/4区；排名第5至第8号的选手，应尽可能均匀地抽入没有前四号选手的1/8区；依此类推。

种子、轮空位置表

种子位置顺序——→

轮空位置顺序－－－▷

1	128	65	64	33	96	97	32	17	112	81	48	49	80	113	16	9	120	73	56	41	88	105	24	25	104	89	40	57	72	121	8
2	127	66	63	34	95	98	31	18	111	82	47	50	79	114	15	10	119	74	55	42	87	106	23	26	103	90	39	58	71	122	7
3	126	67	62	35	94	99	30	19	110	83	46	51	78	115	14	11	118	75	54	43	86	107	22	27	102	91	38	59	70	123	6
4	125	68	61	36	93	100	29	20	109	84	45	52	77	116	13	12	117	76	53	44	85	108	21	28	101	92	37	60	69	124	5

查表方法：根据参加比赛的人(队数)，选择最接近的较大的 2 的乘方数作为位置数，按种子数目和轮空数目，依次从左向右摘出小于比赛位置数的号码，实线为种子位置；虚线为轮空位置。

如选用 128 个位置数，设有 32 名种子，种子位置依次应是：1 128 65 64 33 96 97 32 17 112 81 48 49 80 113 16 9 120……121 8；如有 16 个轮空，轮空位置应是：2 127 66 63 34 95 98 31 18 111 82 47 50 79 114 15。如选用 64 个位置数，设 16 名种子，种子位置依次是 1 64 33 32 17 48 49 16 9 56 41 24 25 40 57 8；如有 8 个轮空，轮空位置应是：2 63 34 31 18 47 50 15。

6. 附加赛

淘汰赛只能决出冠亚军，而在进入前八名的比赛中，会有两个并列第三名，四个并列第五名，如果用附加赛的办法即可排出前八名的顺序。如下表所示：

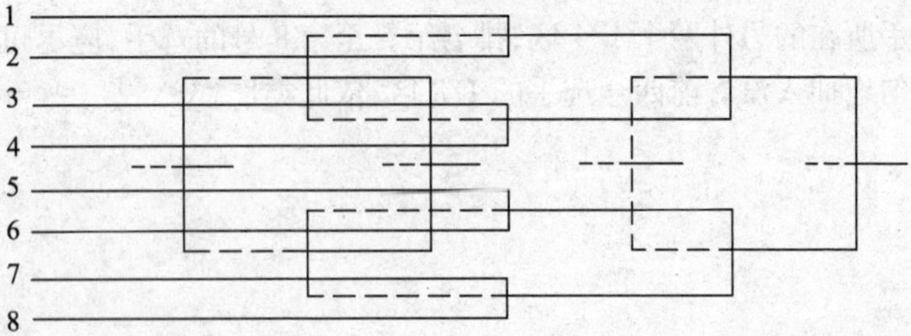

采用附加赛排出前八名的顺序，需增加 5 场比赛，若只取前六名，则需增加 4 场比赛。

三、混合制

混合制即循环和淘汰相结合的比赛方法

1. 先循环后淘汰

将比赛分成两个阶段,第一阶段将参加比赛的队(人)分成若干小组循环;第二阶段由各小组的若干名或各组的同名次运动员进行淘汰赛,决出部分或者全部名次。

例如,世界杯男子和女子单打比赛,有 16 名选手参加。比赛的第一阶段,参赛选手被平均分成 4 个组,进行小组循环。小组的前两名进入第二阶段的淘汰赛。A 组和 B 组的第一名将被放在 1 号位和 8 号位,C 组和 D 组的第一名被抽入 4 号位和 5 号位;各组的第二名将被抽到和同组第一名不同半区的剩余位置。

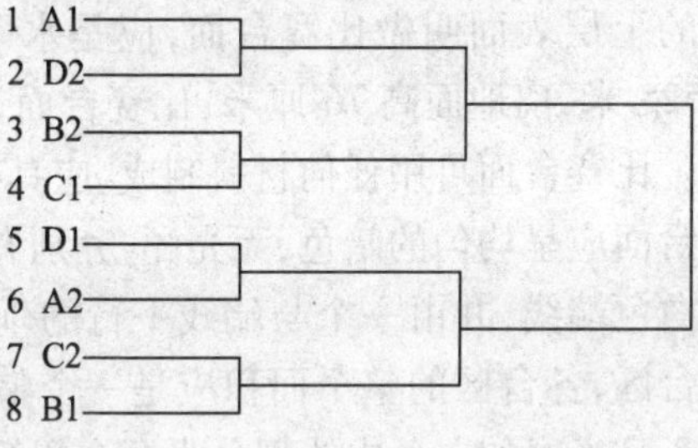

2. 先淘汰后循环

先用淘汰赛的方法,将大多数选手淘汰,最后剩下少数优秀选手进行循环赛。例如,128 名选手先进行 4 轮淘汰赛,然后剩下的 8 名选手再进行循环赛。

第九章　乒乓球比赛的部分规程、规则与裁判方法

第一节　器材与比赛条件

一、球　台

（1）球台的上层表面叫做比赛台面，应是水平的长方形，长2.74米、宽1.525米，离地面高76厘米；比赛台面，不包括球台台面的垂直侧面。比赛台面可用任何材料制成，应具有一致的弹性。

（2）比赛台面应呈均匀的暗色，无光泽，分别有两条2厘米宽的白色边线和白色端线，并由一个与端线平行的垂直的球网划分为两个相等的台区，各台区的整个面积应是一个整体。双打时各台区应由一条3毫米宽的白色中线划分为两个相等的半区。

（3）球处于比赛状态时，运动员或其穿戴的任何东西使球台移动或者运动员的不执拍手触及比赛台面，将判对方得1分。

二、球网装置

（1）球网装置包括球网、悬网绳、网柱及将它们固定在球台上的夹钳部分。

（2）球网应悬挂在一根绳子上，绳子两端系在高15.25厘米的直立网柱上，网柱外缘离开边线外缘的距离为15.25厘米，整个

球网的顶端距离比赛台面15.25厘米。

(3) 球处于比赛状态时,运动员或其穿戴的任何物品触及球网装置,将判对方得1分。

三、球

(1) 球应为圆球体,直径为40毫米,球重为2.7克,应用赛璐珞或类似的塑料制成,呈白色或橙色,且无光泽。

(2) 如果双方运动员不能就比赛用球达成一致意见而使比赛不能进行时,裁判员任意决定一个比赛用球,拒绝接受该比赛用球的运动员,裁判长可取消其比赛资格。

四、服 装

(1) 比赛服一般包括短袖运动衫、短裤或短裙(可以是任何颜色,但其主要颜色应与比赛用球的颜色明显不同)、短袜和运动鞋,其他服装如半套或全套运动服不得在比赛时穿着(得到裁判长允许的除外)。

(2) 团体赛同队运动员或同一协会运动员组成的双打应穿着同样的服装,但鞋袜和服装广告的数量、尺寸、颜色和设计除外。

(3) 比赛双方运动员应穿着颜色明显不同的运动衫,以使观众能够容易区分队别。当双方运动员或运动队所穿服装颜色类似且均不愿意更换时,应抽签决定某一方必须更换。

五、比赛条件

(1) 赛区空间应不少于14米长、7米宽、5米高。赛区应由75厘米高的同一深色的挡板围起,以与相邻的赛区及观众隔开。

(2) 在世界和奥运会比赛中,从比赛台面高度测得的照明度不得低于1000勒克斯,且整个比赛台面照度均匀,赛区其他地方的照度不得低于500勒克斯;其他比赛中,比赛台面的照明度不得低于600勒克斯,赛区其他部位的照明度不得低于400勒克斯。光源距离地面不得少于5米。

(3)场地四周一般应为暗色,不应有明亮光源或从未加遮盖窗户等透过的白光。

(4)地板不应是浅色或明显反光强烈或打滑,其表面不得为砖、水泥或石头。

第二节 比赛通则

一、定 义

(1)回合:球处于比赛状态的一段时间。比赛状态是指从发球时球被有意向上抛起前静止在不执拍手掌上的最后一瞬间直到该回合被判得分或重发球。

(2)执拍手:指正握着球拍的手。(不执拍手指未握着球拍的手。)

(3)击球:用握在手中的球拍或执拍手手腕以下部分触球。(按该定义,在一个回合中,如果运动员的球拍掉了,他试图用刚才握着球拍的手击球是不合法的,但在比赛中运动员可以左右手交替执拍击球。)

(4)阻挡:对方击球后,在比赛台面上方或向比赛台面方向运动的球,在没有触及本方台区即触及本方运动员或其穿戴(带)的任何物品。(说明:无论是触及的球拍、执拍手还是身体的其他部位,都无任何区别。)

(5)发球员:在一个回合中首先击球的运动员。在一个回合中第二个击球的运动员为接发球员。

(6) 运动员"穿或戴(带)"的任何物品,包括他在一个回合开始时穿或戴(带)的任何物品,但不包括比赛用球。

(7) 除从球网和比赛台面之间通过以及从球网和网架之间通过的情况外,球均应视做已"越过或绕过"球网装置。(球从网柱的侧面或球台突出部分支架下面绕过落到对方台面是合法的。)

(8) 球台的"端线"包括端线两端的无限延长线。

二、发球、接发球和方位的选择

(1) 选择发球、接发球和方位的权利应通过抽签来决定。中签者可以选择先发球或先接发球,或选择先在某一方。另一方运动员应有另一个选择。(如中签者先选择了方位,谁先发球就该由另一方决定。)

(2) 在每获得 2 分之后,接发球方即成为发球方,依此类推,直到该局比赛结束,或者直至双方比分都达到 10 分实行轮换发球法,这时发球和接发球次序仍然不变,但每人只轮发一分球。

(3) 一局中首先发球的一方,在该场的下一局应首先接发球。

(4) 一局中,在某一方位比赛的一方,在该场下一局应换到另一方位。在决胜局中,一方先得 5 分时,双方应交换方位。

三、发球、接发球次序和方位错误的处理

(1) 一旦发现发球、接发球次序错误应立即暂停比赛,并按该场比赛开始时确立的次序,根据场上的比分,由应该发球或接发球的运动员发球或接发球;在双打中,则按发现错误时那一局中首先有发球权的一方所确立的次序继续进行比赛。

(2) 一旦发现运动员应交换方位而未交换时,应立即暂停比赛,并按该场比赛开始时确立的次序,根据场上比赛运动员应站的

方位进行纠正，继续比赛。

（3）在任何情况下，发现错误之前的所有得分均有效。

四、还　击

对方发球或还击后，本方运动员必须击球，使球直接越过或绕过球网装置，或触及球网装置后再触及对方台区。

五、重发球

回合中出现下列情况，应判重发球：

（1）如果发球员发出的球，在越过或绕过球网装置时触及球网装置，此后成为合法球或被接发球员或其同伴阻挡。

（2）如果发球员在接发球方未准备好时球已发出，而且接发球员或接发球方均没有企图击球。

（3）由于发生了运动员无法控制的干扰，如灯光熄灭、比赛用球破裂等原因，而使运动员未能合法发球、合法还击或未能遵守规则。（运动员与同伴相撞或者被挡板绊倒而未能合法还击，则不能判重发球。）

（4）裁判员或副裁判员宣布暂停比赛。例如，① 由于要纠正发球、接发球次序或方位错误；② 由于要实行轮换发球法；③ 由于警告或处罚运动员；④ 由于比赛环境受到干扰以致该回合结果有可能受到影响（如外界球进入赛场或者出现足以使运动员大吃一惊的突然喧闹等）。

六、一　分

除被判重发球的回合，下列情况运动员应得 1 分：

（1）对方未能正确发球。

(2) 对方未能正确还击。

(3) 对方阻挡。

(4) 对方连击(如执拍手的拇指和球拍连续两次击球)。

(5) 运动员在发球或还击后,对方运动员在击球前,球触及了除球网装置以外的任何东西。

(6) 对方击球后,球没有触及本方台区而越过本方台区或端线。

(7) 用不符合规定的拍面击球。

(8) 裁判员判罚分。

(9) 其他已列举的违例现象。

七、一场比赛和一局比赛

一场比赛由奇数局组成,如三局两胜制、五局三胜制、七局四胜制。

在一局比赛中,先得 11 分的一方为胜方,比分出现 10 平后,先多得 2 分的一方为胜方。

八、轮换发球法

(1) 如果一局比赛进行了 10 分钟仍未结束(双方都已获得至少 9 分除外),或者在此之间的任何时间,应双方运动员要求,应实行轮换发球法。(计时员应在每一局比赛的第一个球进入比赛状态时开表,在比赛暂停时停表,恢复比赛时重新开表。比赛暂停包括:球飞出赛区至重新回到赛区,擦汗,决胜局交换方位及更换损坏的比赛器材。一局比赛进行到 10 分钟尚未结束,计时员应报“时间到”。)

(2) 当时限到时,球仍处于比赛状态,裁判员应立即暂停比赛,由被暂停回合的发球员发球继续比赛。当时间到时,球未处于比赛状态,应由前一回合的接发球员发球,继续比赛。

(3) 此后,每个运动员都轮发1分球,直至该局结束。如果接发球方进行了13次还击,则判接发球方得1分。(出现上述情况时,计数员应在接发球方每一次触球后报出击球数;计数员报数应用英语或双方运动员及裁判员均能接受的任何其他语言。)

(4) 轮换发球法一经实行,将一直使用到该场比赛结束。

第三节 比赛管理

一、比赛中运动员的权利

(1) 在一场比赛开始前2分钟,运动员有权在比赛球台上练习,正常间隙不能练习,只有经裁判长有权延长特殊的练习时间。在紧急中断比赛时,裁判长可允许运动员在任何球台上练习,包括比赛用的球台。

(2) 运动员应有合理的机会检查和熟悉将要使用的器材,在更换破球或损坏的球拍以后,运动员可练习少数几个回合,然后继续比赛。

(3) 每局比赛中,得6分后,或决胜局交换方位时,运动员可用短暂的时间擦汗。为了限制这样的暂停时间,毛巾应放在靠近裁判员的地方。

(4) 一名或一对双打运动员可在一场比赛中要求暂停,时间不超过1分钟。请求暂停只有在球未处于比赛状态时作出,应用双手做出"T"形表示。

(5) 在局与局之间,有不超过1分钟的休息时间。

(6) 除非裁判长允许,运动员在单项比赛中应留在赛区或赛区附近,在局与局之间的法定休息时间内,运动员应在裁判员的监督下，留在赛区周围3米以内的地方。

二、裁判员的报分

(1) 球一结束比赛状态，裁判员应立即报分，如果掌声或其他嘈杂声将影响报分，应在情况允许下立即报分。

(2) 报分时，裁判员应首先报下一回合即将发球一方的得分数，然后报对方的得分数。

(3) 一局比赛开始后交换发球权时，裁判员的手势应指向下一个即将发球者，也可以在报完比分后报出下一个即将发球员的姓名。

(4) 一局比赛结束时，裁判员应先报胜方运动员的姓名，然后报胜方得分数，再报负方的得分数。

(5) 裁判员除报分外，还可以用手势表示他的判决。当判得分时，裁判员可将靠近得分方的手举至齐肩高；当由于某种原因，某一回合应判为重发球时，裁判员可以将手高举过头，表示该回合结束。

三、比赛紧急停止

(1) 运动员因意外事件如摔倒受伤而暂时丧失比赛能力时，裁判长若认为中断比赛不至于给对方带来不利，可允许中断比赛，但时间要尽量短一些，在任何情况下都不得超过10分钟。

(2) 如果失去比赛能力的状态仍然存在，或在比赛开始前就有理由可以预见，或由于比赛的正常紧张状态引起，则不能中断比赛。如果失去比赛能力的原因在于运动员当时的身体状态或因比赛而引起的抽筋或过度疲劳，不能成为中断比赛的理由。

四、场外指导

（1）团体比赛中，运动员可接受任何人的场外指导；单项比赛中，运动员只能接受一个人的场外指导，而这个指导者的身份应在该场比赛前向裁判员说明；如果一对双打运动员来自不同协会，则可分别授权一名指导者。如果未被授权的人进行指导，裁判员应出示红牌并令其远离比赛区域。

（2）在局与局之间的休息时间或经批准的中断时间内，运动员可接受场外指导，但在赛前练习结束后到比赛开始前不能接受场外指导。如果被授权的指导者在其他时间内进行指导，裁判员应对其出示黄牌警告；如果警告后再次违反规定，将被驱逐出赛区。

（3）在团体赛或单项比赛的一场比赛中，当指导者已被警告过，如果任何人再进行非法指导，裁判员将出示红牌，并将其驱逐出赛区，不论其是否曾被警告过。

（4）团体赛中，被驱逐比赛区的人不允许在该团体比赛结束前返回，除非需要他上场比赛；在单项比赛中，不允许被驱逐比赛区的人在该项比赛结束前返回。

（5）如果被驱逐出赛区的指导者拒绝离开或在比赛结束前返回，裁判员应中断比赛，立即向裁判长报告。

五、不良行为

（1）运动员和教练员应克服那些可能不公平地影响对手、冒犯观众或影响本项运动声誉的不良行为，诸如辱骂性语言，故意弄坏球或将球打出赛区，踢球台或挡板，不尊重比赛官员等。

（2）任何时候，运动员或教练员出现严重冒犯行为，裁判员应中断比赛，立即报告裁判长；如果冒犯行为不太严重，第一次，裁判员可出示黄牌（黄牌放置在记分牌该运动员得分处）警告冒犯者，如果再次冒犯，将被判罚。

(3) 运动员受到警告后，在同一场单项比赛或团体比赛中，第二次冒犯裁判员应判对方得1分，再犯，判对方得2分，每次判罚，应同时出示黄牌和红牌。在同一场单项或团体比赛中，如果运动员在被罚3分后继续有不良行为，裁判员应中断比赛，并立即报告裁判长。

(4) 无论是否得到裁判员的报告，裁判长有权取消有严重不公平或冒犯行为的运动员的比赛资格，包括取消一场比赛、一项比赛或整个比赛的比赛资格。采取行动时应出示红牌。

如果一名运动员在团体或单项比赛中，有两场被取消了比赛资格，其参加团体或单项比赛的资格自动被取消。

(5) 裁判员有权取消已经两次被驱逐出赛区的任何人在本次竞赛剩余时间里的临场资格。

六、兴奋剂

在各类比赛中，运动员在比赛前或比赛中不得服用任何兴奋剂。无论以何种方式向体内输入何种被禁止服用的药物以达到比赛中提高运动成绩的目的，都属于服用兴奋剂。任何运动员使用违禁药物，一经发现将取消其参加当场比赛的资格，并报告其所属协会。

七、申　诉

(1) 在单项比赛中，只能由参赛的运动员就该场比赛中出现的问题提出申诉；在团体赛中，则只能由参赛队的队长就比赛中出现的问题提出申诉。

(2) 对有关裁判员就事实问题所作的决定，不得向裁判员提出申诉。对裁判长就解释规则或规程的问题所作的决定,不得向管理委员会提出申诉。对裁判员就解释规则或规程的问题所作的决定不服时,可以向裁判长提出申诉,裁判长的决定为最后决定。

(3) 在单项比赛中的双方运动员或在团体比赛中的双方队长之间所达成的协议均不能改变该场比赛的裁判人员就事实问题所作的决定,亦不能改变裁判长就解释规则或规程的问题所作的决定,亦不能改变竞赛管理委员会对竞赛或比赛管理问题所作的决定。

第四节 比赛管理人员与管辖权限

一、裁判长

每次竞赛应指派一名裁判长,其身份和工作地点应告知所有参赛者及队长。裁判长应对下列事项负责:

(1) 主持抽签。

(2) 编排比赛日程。

(3) 指派比赛工作人员。

(4) 主持裁判人员的赛前短会。

(5) 审查运动员的参赛资格。

(6) 决定在紧急时刻是否中断比赛。

(7) 决定在一场比赛中运动员是否可以离开赛区。

(8) 决定是否可以延长法定练习时间。

(9) 决定在一场比赛中运动员能否穿长运动服。

(10) 对解释规则和规程的任何问题作出决定,包括服装、比赛器材和比赛条件的可接受性。

(11) 决定运动员在紧急停止时能否练习及练习的地点。

(12) 对不良行为或其他违反规程的行为采取纪律行动。

(13) 如果裁判长认为必要,可在任何时间更换裁判员、副裁判员或计时员,但不得更改被更换者在其职权范围内就事实问题作出的判定。

(14) 从抵达比赛场地开始至离开场地,运动员应处于裁判长的管辖之下。

二、裁判员和副裁判员

裁判员是指被指定管理一场比赛的人。每场比赛均应指派一名裁判员和一名副裁判员(被指定在某些方面协助裁判员工作的人)。

(1) 裁判员应坐或站在球台一侧,与球网成一直线。副裁判员应面对裁判员坐在球台另一侧。

(2) 裁判员应对以下事项负责: ① 检查比赛器材和比赛条件的可接受性,如有问题向裁判长报告;② 如果双方运动员就比赛用球不能达成协议,可任意决定一只比赛用球;③ 主持抽签确定发球、接发球和方位;④ 决定是否由于运动员身体伤病而放宽合法发球的某些决定;⑤ 控制方位和发球、接发球的次序,纠正上述有关方面出现的错误;⑥ 决定每一个回合得 1 分或重发球;⑦ 根据规定的程序报分;⑧ 在适当的时间执行轮换发球法;⑨ 保持比赛的连续性;⑩ 对违反场外指导或行为等规定者采取行动;⑪ 从抵达比赛区域开始至离开区域,运动员应处于裁判员的管辖之下。

(3) 裁判员或副裁判员均可判决: ① 运动员发球动作不合法;② 合法发球在球越过或绕过球网装置时触及球网装置;③ 运动员阻挡;④ 比赛环境受到意外干扰,该回合的结果有可能受到影响;⑤ 掌握练习时间、比赛时间及间隙时间。

（4）副裁判员决定处于比赛状态中的球是否触及距离他最近的比赛台面的上边缘。

（5）执行轮换发球法时，副裁判员或另外指派的一名裁判人员均可当计数员，计接发球方运动员的击球板数。

（6）裁判员不得否决副裁判员或计数员就事实所作出的决定。

第五节　裁判员操作规范

根据乒乓球国际裁判员手册，临场裁判员有一定的操作规范。

一、赛前准备

临场裁判员应在每节比赛前30分钟向裁判长或指定代理人报到，作好执裁的准备。应在一场比赛前15分钟在指定的区域，负责挑球及球拍、服装和号码布的检查工作。

（1）练习前，大约在一场比赛前10分钟，临场裁判员该拿到该场比赛的记分单和已经挑好的比赛用球。另外，应做好如下工作：① 检查球拍；② 检查运动员服装颜色（如果挑球时没检查过）；③ 检查运动员的号码布（如果裁判长或组委会有要求）；④ 挑选比赛用球（运动员不得在赛场内挑选比赛用球）；⑤ 单项比赛时，确定场外指导；⑥ 用挑边器进行抽签，确定发球和方位；⑦ 指示副裁判员计练习时间；⑧ 完成积分单上相关信息的填写。

（2）练习时，临场裁判员应坐在裁判椅上。

（3）在比赛开始前30秒，临场裁判员应用正确的语言宣告（如果赛场广播员已经介绍了运动员，裁判员可省略这一步）。

（4）当练习的时间结束，副裁判员举起手臂宣布时间到，裁判员指向发球方,宣布"××发球,0 比 0",同时,副裁判员将比分翻至"0 比 0",启动秒表,比赛开始。

二、比赛过程中

(1) 在一场比赛中,应用统一的手势。

(2) 报分清晰洪亮,使坐在教练席上的人能听到报分。

(3) 比赛计时或指定副裁判员计时。

(4) 监督并确保发球合法;注意发球秩序,发球擦网以及双打发球时球是否落在规定区域内(只有裁判员才能对发球进行警告,副裁判员只能决定发球是否合法)。

(5) 监督并确保运动员的行为合法。运动员行为不合法,应使用黄牌警告、红黄牌罚分、报告裁判长等方式。

(6) 在局与局之间,确保运动员的球拍放在球台上(经裁判员同意拿走球拍或更换球拍,必须要在下一局比赛开始前,允许裁判员和对手有合适的机会检查球拍)。

(7) 确保比赛的连续性,不能在规定的时间之外擦汗、暂停。坚决劝阻诸如重复拍球、发球前长时间的停顿、双打时长时间相互讨论等故意拖延比赛时间的行为。赛区内有人受伤流血,要及时处理,直到血迹擦干净后再恢复比赛。裁判长批准发生意外或生病的运动员的紧急中断比赛,应立即计时。在该场比赛中,运动员不能再要求类似的中断,除非首次中断的时间非常短。在一场比赛中,总的中断时间不能超过 10 分钟。

(8) 监督并确保教练员的指导合法,在分与分之间和决胜局交换方位时,应转过头去监督双方的教练员是否在指导,但没有必要走下裁判椅;在团体赛中,一人被警告视为坐在指导席上的其他人也被警告。如果再有非法指导,应出示红牌将其逐出比赛区域(副裁判员无权警告非法指导者,必要时可提示裁判员注意这一行为)。

（9）注意球的运行方向，正确判断擦边球和阻挡。（裁判员肯定自己作的判定是正确的，就不应该仅因为运动员认为是错的而进行改判；如果双方运动员坚持认为判定是错误的，裁判员可以接受并理智地加以纠正。）

（10）比赛环境受到干扰，以致该回合结果有可能受到影响，应立即暂停比赛，干扰消除后立即恢复比赛。（意外干扰包括外界球进入赛区、比赛球飞出赛区、球破裂、突发声响、灯光事故等。）

（11）应一方或双方要求，可在一场比赛中暂停一次，时间不超过1分钟。暂停比赛，出示白牌（"T"字牌）；启动秒表计暂停时间；请求暂停只有在球处于非比赛状态时提出。副裁判员应将白牌放在提出暂停要求一方或双方运动员的台区中线1/3近端线处，应与球网平行；当提出暂停一方的运动员准备继续比赛或1分钟暂停时间已到，应拿走白牌恢复比赛，并放置在要求暂停一方或双方运动员记分牌的得分处。

（12）听到副裁判员宣布"时间到"，应立即中断比赛并立即从下一个发球开始按轮换发球法进行比赛。听到副裁判员或指派的计数员报出"13"时，若该球是合法还击，应判接发球方得1分。（计数时应依次清晰地报出接发球员的击球次数。）

（13）双打时应记住并在记分单上标明第一发球员和第一接发球员。若发现发、接球次序错误，应立即暂停比赛，纠正后继续比赛。决胜局中，当一方先得5分时，接发球方应交换接发球次序。如果裁判椅不够高，应该站立执裁。

（14）比赛结束，在记分单上填写完最后一局比分后，宣布比赛结果。

三、比赛后

（1）如果裁判长要求，要让运动员签字。

(2) 裁判员在前并左手拿记分单与副裁判员在裁判椅前集中,排队退场。

(3) 将记分单直接交裁判长席。

(5) 执裁后不应该在赛区内逗留或闲逛,如果要观看比赛,应在指定区域或观众席就座。

第六节 伤残人比赛的特殊规则

伤残人乒乓球比赛,根据运动员伤残程度分为十个级别,第一级至第五级(称为 TT1、TT2、TT3、TT4、TT5)为轮椅比赛(亦称坐姿);第六级至第十级(称为 TT6、TT7、TT8、TT9、TT10)为站立比赛(亦称站姿)。规则规定,裁判员在每场比赛开始前,必须检查运动员医学分级卡,然后方可准许运动员参加比赛。站立组比赛无特殊规则,均按国际乒联制定的竞赛规则执行。但根据参赛运动员的身体特点,对坐姿组的比赛制定了一些特殊规则。

一、发球规则

(1) 单打发球时,球越过球网落入对方台面后,必须从对方端线越出,而不能从边线越出。对球的弹跳次数不加限制,但发出的球在接球方的台面上弹跳 1 次、2 次或 2 次以上未越出端线的,判为重发球。如果球发出后未到达对方端线就停在对方球台上或球返回球网或发球员一边,判为未越过端线。对未越过端线或从边线越出的球,均判为重发球。如果接发球运动员在球越过边线或在其球台面上第二次反弹之前击球则为合法发球,无需重发。裁判员有权裁决他认为未越过端线的球,即使对方已成功地将球击回。(比赛中,接发球员应主动还击对方发出的球,不应为判断此球能否越过端线分散注意力，从而影响比赛的连续进行。）

（2）双打发球按单打发球的规定进行，但球可以从接发球员球台右半区的边线越出。

二、双打比赛

（1）发球员应先发球，接发球员应还击，此后可由任何一名运动员击球，即无击球次序的限制。

（2）比赛中，运动员的轮椅不能超越球台中线的假定延长线。如果超越，裁判员将判其失1分。

三、不执拍手触台面

比赛中，当球处于比赛状态时，不准用不执拍手支撑台面；运动员在完成一个击球动作后，可以利用球台保持身体的平衡，但不能使球台移动。

四、比赛场地

比赛场地可适当缩短，但长不能小于8米、宽不能小于7米，必须用暗色的挡板将场地围起来。根据实际情况，可允许在每张球台的场地内设两名拾球员。球台应保证轮椅接近时运动员腿部不会受到阻碍，球台的高度从地面到下沿不少于40厘米。如运动员的球拍是绑在手上的，在比赛间隙球拍可以不放在球台上。

五、轮　椅

（1）轮椅必须至少有两个大轮子和一个小轮子；如果有两个小轮子，两个小轮子之间的距离应小于两个大轮子之间的距离。

(2) 若因需要,可在轮椅上安装脚垫,轮椅垫的大小、形状及数量均无限制。但在比赛中,脚和脚垫不能触及地面,否则判失1分。

(3) 在团体赛和级别赛中,运动员不可将膝盖以上身体的任何部位绑在轮椅上,借以增强平衡能力。在公开级比赛中,运动员可以采取绑缚及其他辅助措施。

第十章　世界乒坛重要赛事和世界强队介绍

第一节　如何欣赏乒乓球比赛

欣赏即享受美好的事物,领略其中的趣味。俗话说:“外行看热闹,内行看门道”,一场乒乓球比赛,可能高潮迭起,扣人心弦,像刘国正对金择洙的殊死之战,柳承敏对王皓的问鼎之战,张怡宁对金景娥的背水一战。一场比赛也许毫无悬念,比赛的结果早已在人们的意料之中。但只要是真正意义上的比赛,哪怕是业余选手之间的对抗,就有双方智慧、心理和技战术的较量,不过是表现形式不同罢了。有专家认为,比赛是“智慧为指导,体能为保证,技术为表现”。随着传播技术的发展,人们可以坐在沙发上,打开电视欣赏一场高水平乒乓球比赛的实况转播或录像,这对乒乓球爱好者和球迷来说,不仅是休闲娱乐生活中的重要内容之一,也是学习和提高自己乒乓球水平的有效途径。一个人的欣赏能力受多种因素的影响,但主要的是对乒乓球运动规律的理解和认识。乒乓球运动的魅力在于它的变化快、变化多,有很大的不可预测性、不可逆转性和偶然性。技战术的发展,球的速度和旋转的有机结合,各种类型打法的相互促进,对运动员的要求越来越高,同时也把许多观众“打”出了看台。运动员的能耐是要对手先失误,而观众希望精彩的对抗一直延续下去,这是个矛盾,一个无法解决的矛盾。2003 年“千里马”杯健胜苑国际乒乓球巡回大奖赛中,观众面对朱世赫的完美表演，一次又一次高呼："再打一局，再打一局！"比较而言，乒乓球运动不如足球、羽毛球等其他球类项目刺激，一个回合中最多6~8次来回，但乒乓球运动中短兵相接的搏杀，技术与技巧的对抗，赛点的争夺，擦网球或擦边球带来的运气和无奈，让人们沉醉在兴奋和快感之中。国际乒联进行几项重大变革的主要目的是提高乒乓球运动的观赏性，以利于该项运动在全球的推广与改善。随着市场经济的推进，俱乐部制的成熟和球市商业化的运作，人们将有更多欣赏高水平乒乓球比赛的机会。

欣赏一场高水平的乒乓球比赛如同欣赏一场交响乐，欣赏的是过程，谁胜谁负对观众而言并不太重要，因为胜负是过程的必然结果。事实上，两个业余高手对阵的激烈程度、好看的场面有时并不亚于一场高水平的比赛；世乒赛并不比我国俱乐部超级联赛有看头，说不定真正意义上的决赛已在半决赛中打过了。实行每局11分制后，比赛的节奏加快了，要求运动员及早进入竞技状态，强调主动变化和搏杀。在这浓缩的时间里，我们欣赏比赛也要提前进入状态，经典之战都不是事先设计和安排的，精彩的瞬间可能就在你的不经意中消逝了。一场、一局、一分的博弈都有可看之处，问题是要发现值得你欣赏的细节。

一、欣赏运动员的发球动作

比赛是从发球开始的，无遮挡发球的实行，已使发球的诡秘减少了许多，但接发球方即使能把对方的发球动作看得清清楚楚、明明白白，判断球的旋转性质与强度、线路与落点还是需要经验和瞬间选择的。世界乒坛上没有一个绝不吃发球的运动员（包括接球质量不高送给对方得分的机会）。欣赏运动员多姿多态的发球方式和发球动作是最直接的享受。发球的方式包括正手位发球，高抛与低抛，侧身、下蹲式和砍式发球等。每个运动员的发球方式是根据自己的打法特点而设计的，而发球的动作是为了保证发球的质量与变化而形成的，世界乒坛上没有两个完全相同的发球动作。希腊选手格林卡反手发球时是站在球台中间的；有人注意到马琳在发球前有一连串的习惯小动作（转拍、呵气等像编了程序似的）；中国乒坛“七小凤”之一、世青赛女团、女单、女双冠军丁宁用下蹲式发球闯进世界乒坛；鲍罗斯发球时抛球达到 4～6 米高；第 35 届世乒赛女双冠军张德英，从球抛起后到球拍触球，持拍手的前臂要作绕环运动；瓦尔德内尔发球时的握拍方法别具一格；波尔、施拉格正手发逆侧旋球时，手腕的挥摆与回收动作潇洒自如，让人叹服；柳承敏的半高抛发球出色，过网后“下扎”非常厉害；孔令辉的反手发球质量并不是很高，但他利用各种旋转的变化扰乱对方，让对方难以判断。其实，业余选手的发球动作更是花样百出，在民间传承着。他们模仿明星选手的发球动作，再自我改造，有的看上去怪怪的，但他们自我感觉很好。正是这种自慰和满足，激发着人们对乒乓球运动的爱好与追求。

二、欣赏运动员的接发球水平与方式

严格地讲，双方的较量是从接发球开始的。接发球的水平是衡量一个运动员实战能力和竞技能力的客观指标，它能真实地反映运动员全面、整体地运用各项基本技术的能力。欣赏运动员的接发球技术和方法是一种高层次的享受。当今世界乒坛上，接发球不再是搓、推、拉等较为传统、单调的技术方法，一些新的接发球技术让乒乓球爱好者和球迷们大饱眼福。接发球技术的创新，从一个方面反映了世界乒乓球技术的进步与革命，它是高水平比赛的精髓，没有这个环节，就不能进入让人兴奋的相持阶段。接发球技术是与运动员的打法类型紧紧联系起来的，如瓦尔德内尔的侧身正手晃接斜线技术，孔令辉的反胶劈长技术，马琳的反拍挑侧旋技术，朱世赫用长胶磕、拱、切等技术，金香美的长胶劈长技术，波尔的反手快撕技术，等等。专业与业余、有训练者与无训练者之间，接发球的技术与水平差异是非常明显的。一个业余高手练习基本球的水平可能与运动员旗鼓相当，但一打实战，就很难过接发球这一关。学习优秀运动员和高水平者的接发球技术，不能简单地模仿他们的动作外形，要真正领会其技术的内涵。

三、欣赏运动员的特长技术及其运用

特长技术是运动员在长期的训练和比赛中形成的个人主要得分手段，有的特长技术在世界乒坛上都是独一无二的，如希腊选手格林卡，反手中远台能发力爆冲和反拉，角度大、落点开，无人比拟。没有一个优秀运动员是没有特长技术的，如邓亚萍的反手长胶有明显的速度和节奏变化；张怡宁的反手位防守在世界女子乒坛中最出色，在相持中的侧身斜线爆冲也是最具威胁的；金景娥的正手中远台弧圈球对拉极具威力；施拉格经常打出让对手猝不及防的回头球；波尔的正手小提拉高吊弧圈球，动作小、速度快，反手是少见的半高吊弧圈和快撕，"画弧"包球的动作明显；王皓的反手技术无人能及，不管是上旋还是对手拉冲都能起板，推出的球既转又"拐"；王涛的反手弹击后继无人；蒋澎龙的下压式推挡堪称一绝；柳承敏的直板反手近台加力推让人折服。进攻有特长技术，防守也有绝招。在第 48 届世乒赛上，梅兹放的高球让王皓失了 5 分，郝帅失了 7 分。欣赏明星的特长技术是为了使自己有所启迪，刻意效仿明星的特长技术是不必要的，重要的是在全面熟练、实用地掌握基本技术的基础上形成有自己特色的拿手技术，并成为得分的主要手段。

四、欣赏运动员在比赛中不同技术动作间的转换和衔接

在快速多变的激烈对抗中,准确完成不同技术动作之间的转换和衔接,是运动员步法和训练水平的综合体现,它有先天的赋予,更主要的是后天训练的结果,并不是人人都能做到的。无规律的左推右攻、推挡侧身攻、拉后吊短等组合技术,要在极短的时间间隔内完成判断和挥臂动作,对人体神经—肌肉的工作程度和效率要求是非常高的。优秀运动员的击球动作都很简单、经济、实用,没有一点多余,给人一种洒脱、唯美的感觉。

五、欣赏运动员在比赛中的节奏变化

"节奏"本为音乐术语。国家队教练尹霄说:"节奏是一种综合",但主要体现在速度的快慢和力量的轻重方面。击球节奏没有好坏之分,有些运动员的节奏主流是快,有的则反之,主要根据自己的打法和技术特点来确定。然而,一些运动员的击球节奏被对方摸到规律后,击球的威胁性就降低了。因此,节奏变化是节奏的核心,控制击球节奏也是运动员重要的心理品质之一。许多优秀运动员的节奏感非常强,说快时则快,不能快时绝不盲从;你适应了慢速球,我寻机提高球速,如在连续削球后上台挡一板;能发力打时绝不手软,对方不吃重板,还不如打轻一点,让对方无法借力。在第48届世乒赛中,马琳接受王皓、郝帅被打高球的教训,在与梅兹的比赛中,扣杀几板高球后改抹一板,轻松得分。业余选手常见的现象是一味追求快,逢球就发力打,误认为掌握主动权就是比对方凶,比对方快,快就必须发力打,其实不必要,也不可能。击球的准确性是完成技术动作的第一要素,其次才是威胁性。

六、欣赏运动员在擦网、擦边时的应急反应与选择应答方式

在实战中,用常规动作是无法还击擦网、擦边球的,因为它们破坏了运动员正常的击球节奏,改变了球的弹跳方向与轨迹,但运动员能够急中生智,用非常规动作救球,表现出高超的技巧和协调性。这些应急动作是不可能专门练习的,因为没有人专门打擦网球和擦边球,就连智能发球机目前也还做不到,而是运动员在长期训练的积累中才有的精彩瞬间。据研究报告,使用 40 毫米大球后,擦网、擦边的概率上升到 17% ~23% 。擦网、擦边球没有时间让运动员懊恼、沮丧,应尽一切可能救球,说不定还击过去也是擦网、擦边球。

七、欣赏运动员的攻防转换能力

在比赛中,一攻一守无疑是最具观赏性的,削球运动员优美的姿势、稳健的防守、变化的旋转、突然的反攻,满足了观众的期望和快感。我们在欣赏运动员的精湛技术的同时,还要欣赏运动员可贵的耐性和毅力,不屈不挠的精神和意志,在被动中制造反攻条件和抓住反攻时机的胆识。在进攻型(弧圈球)打法的激烈对抗中,比赛双方的攻防转换能力也是看点。尤其是进入相持阶段后,不管是主动相持还是被动相持,攻防转换是交织在一起的。实行 11 分制后,双方进入比赛状态的时间早,发球权的轮转快,攻防转换的频率高,每个回合胜负的偶然性大,许多精彩的瞬间就这样产生了,一些经典之战集中体现了运动员攻防转换能力的大比拼。

八、欣赏运动员超人的心理承受能力

邓亚萍能在许多落后的情况下翻盘让人觉得不可思议,她敢打敢拼的形象早已刻进了历史的光盘。实现大逆转首先需要极强

的心理承受能力，其次才是技战术水平。让我们再次追忆第46届世乒赛男团决赛那个令人窒息的时刻：中国队对韩国队谁胜谁进入决赛，由于孔令辉意外地丢了两分，中国队被逼到了悬崖上，刘国正毫无选择地迎战金择洙，巨大的压力丝毫没有让他胆怯，他保持着荣辱不惊的神情。第一局丢了，第二局3:8落后，蔡振华果断地叫了暂停，告诉他："一定要变，在特长技术打不出来的情况下，用一般的技术去打，也能起到出其不意的效果。"上场后，刘国正仍然是超乎平常的镇静，一分一分将比分扳平，并以17:13反超。金择洙同样表现出明星运动员的非凡勇气和意志力，将比分扳到20:19领先，只要再得一分，中国队夺回斯韦思林杯的梦想将化为泡影。此时的刘国正处在生死关头，而他没有半点胆怯，一直打到22平，而这三个赛点全是刘国正落后。比赛达到了白热化程度，赛场的空气都凝固了，电视机前的人们紧张得连气也不敢喘。正是这种生死关头，刘国正抓住了一次机会，24:22，将局分扳成1平，中国队绝处逢生，将全世界的观众带进了刺激又充满希望的决胜局。决胜局与第三局有着惊人的相似，金择洙一路领先，刘国正再追平，人们的心一次次从胸膛蹦出又落回去。接近尾声的时候，刘国正在15:19落后的情况下追到19:20，接下来是一个个令人窒息的"赛点"争夺战，没有人能预料将发生什么，但刘国正脸上写着刚毅，20平、21平、22平，一直追到24:23，刘国正领先。金择洙摇头了，心理崩溃了，他不敢相信站在他对面的刘国正如此顽强。随着一次次绝处之后的重生，25:23，刘国正胜了！他创造了自己九死一生的奇迹，"你救了我一命"，孔令辉深情地对战友说。中国队第十次打败了距冠军仅一步之遥的韩国队，刘国正使韩国队历史上第一次登上世乒赛团体冠军领奖台的梦想成为永远的遗憾；同时，这场比赛的败北成为金择洙乒乓生涯中无法抹去的"噩梦"。打完比赛后，金择洙哭了，他回到座位上一动不动，足足坐了5分钟。我们无法预料今后的世界大赛中会不会有刘国正第二,金择洙第二,但类似这样残酷的局面肯定会有的。刘国正说:“我能在这么艰苦的情况下赢回来,靠的是顽强的意志力和咬劲。”“我信心很足,相信自己能赢,说实在的,这时候技术已不再重要,而意志是关键。我坚信只要扛得住,就是胜利。”如果是你,你能扛得住吗?这样的信心和勇气从何而来呢?这是留给所有运动员和球迷的思考。

九、欣赏双打

双打比赛比单打比赛更有吸引力,更具观赏性,它要求配对的双方必须像一个人那样应对挑战,没有长期的磨合和实践的锻炼是不可能做到的。单打击球后,对来球的效应(落点、旋转等)以及还击方式,运动员的潜意识中是有预测和准备的,这是乒乓球运动员独有的一种直觉,是因为长期训练形成的应答模式已经转化为了习惯动作,而在双打比赛中须由他的同伴来完成,难度可想而知有多大了。看双打比赛,主要欣赏运动员的默契和协调能力。根据规则,双打比赛有两个限制,一个是发球必须从右半区发到右半区,接发球的难度降低了;另一个是双方运动员必须轮流击球,确保击球命中率和击球质量的难度加大了。这两个限制决定了双打比赛的游戏性和趣味性,同时,也决定了运动员在技战术运用中必须具有较强的互补性和兼容性,这一切都是在高度的默契和动态中完成的。双打运动员的默契主要表现在以下几方面:① 发球抢攻的协同作战。发球后的抢攻是由同伴完成的,由于受到对方的干扰,很难得心应手,如上不了手,第四板就会被对方抓住机会。因此,发球抢攻的协同是双打的关键,也是得分的主要内容。② 相持中的攻防共济。一旦进入相持阶段,攻防转换与平衡就成了看点,它反映出运动员运用技术的技巧,而观众欣赏的正是运动员打球的艺术。我国乒乓球俱乐部超级联赛中,江苏女队对河北女队一场双打中，有一局从10平打到20平(11分制)，每一分都是多个来回后才见分晓，双方运动员的水平发挥到极致。观众说这不是比赛，是在打表演赛，裁判员说真的让她们打表演赛绝对没有这么好看。③ 跑动的流畅到位。双打的组合搭配已考虑到跑位的有利因素，但技战术上的默契仍然要在运动员及时移动到位的前提下才能实现。在比赛中，要根据来球的线路和落点，选择跑动方向和方法，除了保证自己有较大的击球空间，还不能妨碍同伴的转移，更不能成为同伴的“盾牌”。因此，理想的双打搭配首先是脚步的舞者，取得了好成绩，奖牌肯定有跑位的一半。

2006年春节后，从2月6日开始，央视5套现场直播了第48届世乒赛(团体)中国男队和女队选拔赛的比赛实况，这是中国乒坛首次公开、公平、公正选拔参加世乒赛的选手。我国广大乒乓球爱好者和球迷有幸观赏了国内最高水平运动员的角逐。男队的16名选手分两个阶段进行比赛。第一阶段又包括两次大循环，第一次大循环采用6分制，第二次大循环采用11分制。两次循环的名次相加后决定所得名次，比赛结果是两名直拍进攻型打法的选手马琳和王皓首先拿到飞往不来梅的机票。第二阶段，第三至八名的6位选手外加2位指派选手进行单循环赛，获得第一名的王励勤成为第三个参加团体赛的人选。另外2位参赛选手陈玘和马龙是教练组根据综合情况确定的。

女队主要将国际大赛和队内比赛的成绩相结合，经过三个阶段，最终确定参赛名单。女队选拔赛采用了世界杯赛制，第一次大循环的1至14名，加上持外卡的王楠、陈晴共16人参赛，在最后的决赛中，郭跃以3∶2战胜张怡宁，拿到了不来梅团体赛的第一张入场券。根据女队教练施之皓宣布的竞争办法，在卡塔尔公开赛和科威特公开赛两站比赛中，全部都打进女单决赛的队员获得了其余的团体赛入场券。

第二节 国际重要赛事

一、世界乒乓球锦标赛

世界乒乓球锦标赛是国际乒乓球联合会主办的一项最高水平的世界乒乓球大赛,具有广泛的影响。1926 年 12 月,在国际乒联正式成立的同时,第一届世界乒乓球锦标赛在英国伦敦举行。实力雄厚的匈牙利队获得了当时所设的男子团体、男子单打、男子双打、女子单打和混合双打 5 个项目的全部冠军。1928 年举行的第二届世乒赛增设了女子双打比赛,1933 年举行的第八届世乒赛又增设了女子团体比赛。1928 年至 1939 年、1947 年至 1957 年,世乒赛每年举行一次。从 1959 年的第 25 届开始改为每两年举行一次。从 2003 年第 47 届开始,团体和单项永远分开,并由两个不同的城市主办,奇数年份进行单项比赛,偶数年份进行团体比赛;双打比赛的两名运动员必须来自同一个协会。第 49 届世乒赛的单项比赛将于 2007 年在克罗地亚举行,团体比赛将于 2008 年在中国广州举行。世乒赛团体赛的参赛队依据该协会在上一届世乒赛的成绩来分组,成绩最好的为争冠组。每组 24 支队,将进一步划分成 4 个小组,每个组 6 个队,先进行小组循环赛,然后再进行淘汰赛。

另外,世乒赛还增设了安慰赛和元老杯比赛。安慰赛又称朱比列杯比赛,在单打比赛中第一轮被淘汰或在预选赛中被淘汰的选手,均可报名参赛(轮空除外)。元老杯赛是专门为世界乒坛元老组织的比赛,凡是报名参赛的球队队长、出席会议的代表、仲裁委员会的委员或在 21 年前参加过世乒赛的人员,均可报名参加。

表 10-1 第 25—50 届世界乒乓球锦标赛成绩表

届数	举行地点和时间	男子团体	女子团体	男子单打	女子单打	男子双打	女子双打	混合双打
		斯韦思林杯	考比伦杯	圣·勃莱德杯	吉·盖斯特杯	伊朗杯	波普杯	赫·杜赛克杯
25 届	德国　多特蒙德 1959.3.20～3.29	日本	日本	荣国团 （中国）	松崎君代 （日本）	荻村伊智郎（日本） 村上辉夫（日本）	难波多惠子（日本） 山泉和子（日本）	荻村伊智郎（日本） 江口富士枝（日本）
26 届	中国　北京 1961.4.5～4.14	中国	日本	庄则栋 （中国）	邱钟惠 （中国）	星野展弥（日本） 木村兴治（日本）	亚历山德鲁（罗马尼亚） 皮蒂卡（罗马尼亚）	荻村伊智郎（日本） 松崎君代（日本）
27 届	捷克　布拉格 1963.4.5～4.14	中国	日本	庄则栋 （中国）	松崎君代 （日本）	张燮林（中国） 王志良（中国）	松崎君代（日本） 关正子（日本）	木村兴治（日本） 伊藤和子（日本）
28 届	南斯拉夫　卢布尔雅那 1965.4.15～4.25	中国	中国	庄则栋 （中国）	深津尚子 （日本）	庄则栋（中国） 徐寅生（中国）	林慧卿（中国） 郑敏之（中国）	木村兴治（日本） 关正子（日本）
29 届	瑞典　斯德哥尔摩 1967.4.11～4.21	日本	日本	长谷川信彦 （日本）	森泽幸子 （日本）	H. 阿尔塞（瑞典） K. 约翰森（瑞典）	广田佐枝子（日本） 森泽幸子（日本）	长谷川信彦（日本） 山中教子（日本）
30 届	德国　慕尼黑 1969.4.17～4.27	日本	苏联	伊藤繁雄 （日本）	小和田敏子 （日本）	H. 阿尔塞（瑞典） K. 约翰森（瑞典）	S. 柏林伯格（苏联） Z. 鲁德诺娃（苏联）	长谷川信彦（日本） 长野安子（日本）
31 届	日本　名古屋 1971.3.28～4.7	中国	日本	S. 本格森 （瑞典）	林慧卿 （中国）	T. 克兰帕尔（匈牙利） J. 约尼尔（匈牙利）	林慧卿（中国） 郑敏之（中国）	张燮林（中国） 林慧卿（中国）
32 届	南斯拉夫　萨拉热窝 1973.4.5～4.15	瑞典	韩国	郗恩庭 （中国）	胡玉兰 （中国）	S. 本格森（瑞典） K. 约翰森（瑞典）	亚历山德（罗马尼亚） 滨田美德（日本）	梁戈亮（中国） 李　莉（中国）
33 届	印度　加尔各答 1976.2.6～2.16	中国	中国	约尼尔 （匈牙利）	朴英顺 （朝鲜）	J. 约尼尔（匈牙利） G. 盖尔盖伊（匈牙利）	亚历山德（罗） 高桥省子（日本）	戈莫兹科夫（苏联） 费尔德曼（苏联）
34 届	英国　伯明翰 1977.3.26～4.5	中国	中国	河野满 （日本）	朴英顺 （朝鲜）	梁戈亮（中国） 李振恃（中国）	朴英玉（朝鲜） 杨　莹（中国）	塞克雷坦（法国） 贝尔热雷（法国）
35 届	朝鲜　平壤 1979.4.25～5.6	匈牙利	中国	小野诚治 （日本）	葛新爱 （中国）	D. 舒尔贝克（南斯拉夫） A. 斯蒂潘契奇（南斯拉夫）	张　立（中国） 张德英（中国）	梁戈亮（中国） 葛新爱（中国）
36 届	前南斯拉夫　诺维萨德 1981.4.14～4.26	中国	中国	郭跃华 （中国）	童　玲 （中国）	李振恃（中国） 蔡振华（中国）	张德英（中国） 曹燕华（中国）	谢赛克（中国） 黄俊群（中国）
37 届	日本　东京 1983.4.28～5.9	中国	中国	郭跃华 （中国）	曹燕华 （中国）	D. 舒尔贝克（南斯拉夫） 卡列尼茨（南斯拉夫）	戴丽丽（中国） 沈剑萍（中国）	郭跃华（中国） 倪夏莲（中国）
38 届	瑞典　哥德堡 1985.3.28～4.7	中国	中国	江嘉良 （中国）	曹燕华 （中国）	阿佩伊伦（瑞典） U. 卡尔松（瑞典）	戴丽丽（中国） 耿丽娟（中国）	蔡振华（中国） 曹燕华（中国）
39 届	印度　新德里 1987.2.6～2.16	中国	中国	江嘉良 （中国）	何智丽 （中国）	陈龙灿（中国） 韦晴光（中国）	梁英子（韩国） 玄静和（韩国）	惠　钧（中国） 耿丽娟（中国）

续表

届数	举行地点和时间	男子团体	女子团体	男子单打	女子单打	男子双打	女子双打	混合双打
		斯韦思林杯	考比伦杯	圣·勃莱德杯	吉·盖斯特杯	伊朗杯	波普杯	赫·杜赛克杯
40届	德国 多特蒙德 1989.3.29～4.9	瑞典	中国	瓦尔德内尔 (瑞典)	乔 红 (中国)	罗斯科普夫(德国) 费兹纳尔(德国)	乔 红(中国) 邓亚萍(中国)	刘南奎(韩国) 玄静和(韩国)
41届	日本 千叶 1991.4.24～5.6	瑞典	朝鲜联队	佩尔森 (瑞典)	邓亚萍 (中国)	P.卡尔松(瑞典) 冯 舍(瑞典)	陈子荷(中国) 高 军(中国)	王 涛(中国) 刘 伟(中国)
42届	瑞典 哥德堡 1993.5.11～5.23	瑞典	中国	盖 亭 (法国)	玄静和 (韩国)	王 涛(中国) 吕 林(中国)	刘 伟(中国) 乔云萍(中国)	王 涛(中国) 刘 伟(中国)
43届	中国 天津 1995.5.1～5.14	中国	中国	孔令辉 (中国)	邓亚萍 (中国)	王 涛(中国) 吕 林(中国)	乔 红(中国) 邓亚萍(中国)	王 涛(中国) 刘 伟(中国)
44届	英国 曼彻斯特 1997.4.24 5.5	中国	中国	瓦尔德内尔 (瑞典)	邓亚萍 (中国)	孔令辉(中国) 刘国梁(中国)	邓亚萍(中国) 杨 影(中国)	刘国梁(中国) 邬 娜(中国)
45届 (单项)	荷兰 埃因霍温 1999.8.2～8.8			刘国梁 (中国)	王 楠 (中国)	孔令辉(中国) 刘国梁(中国)	李 菊(中国) 王 楠(中国)	马 琳(中国) 张莹莹(中国)
45届 (团体)	马来西亚 吉隆坡 2000.2.12～2.20	瑞典	中国	—	—	—	—	—
46届	日本 大阪 2001.4.23～5.6	中国	中国	王励勤 (中国)	王 楠 (中国)	王励勤(中国) 阎 森(中国)	李 菊(中国) 王 楠(中国)	秦志戬(中国) 杨 影(中国)
47届 (单项)	法国 巴黎 2003.5.19～5.26			施拉格 (奥地利)	王 楠 (中国)	王励勤(中国) 阎 森(中国)	王 楠(中国) 张怡宁(中国)	王 楠(中国) 马 琳(中国)
47届 (团体)	卡塔尔 多哈 2004.3.1～3.7	中国	中国	—	—	—	—	—
48届 (单项)	中国 上海 2005.4.30～5.6			王励勤 (中国)	张怡宁 (中国)	孔令辉(中国) 王 皓(中国)	王 楠(中国) 张怡宁(中国)	王励勤(中国) 郭 跃(中国)
48届 (团体)	德国 不来梅 2006.4.24～5.1	中国	中国	—	—	—	—	—
49届 (单项)	克罗地亚 萨格勒布 2007			王励勤 (中国)	郭 跃 (中国)	马 琳(中国) 陈 玘(中国)	王 楠(中国) 张怡宁(中国)	王励勤(中国) 郭 跃(中国)
49届 (团体)	中国 广州 2008.2.24～3.2	中国	中国	—	—	—	—	—
50届 (单项)	日本 横滨 2009.4.28～5.5			王 皓 (中国)	张怡宁 (中国)	王 皓(中国) 陈 玘(中国)	郭 跃(中国) 李晓霞(中国)	李 平(中国) 曹 臻(中国)

二、奥运会乒乓球比赛

1983年10月1日，国际奥委会在联邦德国巴登举行的第84次会议上作出决定，将乒乓球列为第24届奥运会正式比赛项目，并经国际乒联与国际奥委会多次协商决定：奥运会的乒乓球比赛只设男子单打、女子单打和男子双打、女子双打4个项目。进军奥运会比赛的选手，男单为64名，女单为48名，男双为32对，女双为16对。参赛资格的确定，由国际乒联根据显示乒乓球运动员技术的先进性和该项运动开展的广泛性原则，确定世界排名前16位的运动员可直接参赛，其他名额分配到六大洲，另有少量名额由国际乒联掌握，但每个协会最多只能参加3男3女。所有项目的比赛均采用先循环后淘汰的两阶段比赛方法，淘汰赛增设附加赛，决出前8名，单打采用五局三胜制，双打采用三局两胜制。

第24届奥运会在汉城国立大学体育馆举行，中国队和韩国队各获2枚金牌。第25届奥运会在巴塞罗那拉开帷幕，中国队获3枚金牌，国际奥委会主席萨马兰奇先生亲自为女单冠军邓亚萍颁奖。第26届奥运会在美国亚特兰大举行，中国选手囊括全部4枚金牌。第27届悉尼奥运会上开始使用40毫米球，执行无遮挡发球规则，每局11分，每场比赛七局四胜，每次发球权由原来的5个变为2个。中国选手仍然取得了大满贯，将4枚金牌收归囊中。第28届雅典奥运会上，虽然每个协会参赛的2对双打选手必须在同一个半区，只能有1对选手争夺金牌，中国乒乓球队仍包揽了女单、男双、女双3项冠军，但分量最重的男单金牌被韩国选手柳承敏获得。2008年8月，第29届奥运会在我国首都北京举行，我国选手包揽男团、女团、男单、女单4枚金牌。

表 10-2　历届奥运会乒乓球比赛成绩表

届数	项目	冠 军	亚 军	季 军
24 届 1988 年 汉城	男单	刘南魁(韩国)	金择洙(韩国)	林　德(瑞典)
	男双	陈龙灿/韦晴光(中国)	普里莫拉茨/卢布莱斯库(南斯拉夫)	安宰亨/刘南魁(韩国)
	女单	陈　静(中国)	李惠芬(中国)	焦志敏(中国)
	女双	玄静和/梁英子(韩国)	焦志敏/陈静(中国)	佩尔库钦/法茨利奇(南斯拉夫)
25 届 1992 年 巴塞罗那	男单	瓦尔德内尔(瑞典)	盖　亭(法国)	马文革(中国) 金择洙(韩国)
	男双	王　涛/吕　林(中国)	罗斯科普夫/费茨纳尔(德国)	金择洙/刘南魁(韩国) 姜熙灿/李哲承(韩国)
	女单	邓亚萍(中国)	乔　红(中国)	玄静和(韩国) 李粉姬(朝鲜)
	女双	邓亚萍/乔　红(中国)	陈子荷/高　军(中国)	李粉姬/俞顺福(朝鲜) 玄静和/洪次玉(韩国)
26 届 1996 年 亚特兰大	男单	刘国梁(中国)	王　涛(中国)	罗斯科普夫(德国)
	男双	孔令辉/刘国梁(中国)	王　涛/吕　林(中国)	刘男魁/李哲承(韩国)
	女单	邓亚萍(中国)	陈　静(中国台北)	乔　红(中国)
	女双	邓亚萍/乔　红(中国)	刘　伟/乔云萍(中国)	朴海晶/柳智惠(韩国)
27 届 2000 年 悉尼	男单	孔令辉(中国)	瓦尔德内尔(瑞典)	刘国梁(中国)
	男双	王励勤/阎　森(中国)	孔令辉/刘国梁(中国)	盖　亭/希　拉(法国)
	女单	王　楠(中国)	李　菊(中国)	陈　静(中国台北)
	女双	王　楠/李　菊(中国)	杨　影/孙　静(中国)	柳智惠/金茂校(韩国)
28 届 2004 年 雅典	男单	柳承敏(韩国)	王　皓(中国)	王励勤(中国)
	男双	马　琳/陈　玘(中国)	李　静/高礼泽(中国香港)	梅　兹/图格威尔(丹麦)
	女单	张怡宁(中国)	金香美(朝鲜)	金景娥(韩国)
	女双	王　楠/张怡宁(中国)	李恩实/石恩美(韩国)	牛剑锋/郭　跃(中国)
29 届 2008 年 北京	男团	中　国	德　国	韩　国
	男单	马　琳(中国)	王　皓(中国)	王励勤(中国)
	女团	中　国	新加坡	韩　国
	女单	张怡宁(中国)	王　楠(中国)	郭　跃(中国)

三、世界杯乒乓球锦标赛

1980 年，国际乒联开始举办一年一度的世界杯乒乓球锦标赛。至今已举办了 30 届。1982 年，由于英美烟草有限公司提供赞助，曾称为 555 世界杯乒乓球赛。开始时，此项大赛只设男子单打，仅限 16 名选手参加。参赛者由上届世界杯冠军、世界六大洲的冠军或最优秀的运动员、东道主1名运动员、世界排名前6位的运动员和2名“外卡”组成。一个协会的选手不能超过2名，除非第三名选手是持“外卡”。此赛分两个阶段进行，第一阶段分4个小组进行小组循环赛；第二阶段小组前2名进入淘汰赛，并增加附加赛决出所有名次。所有比赛均采用七局四胜制。获得名次的选手能获得数目不等的奖金。男子世界杯以前国际乒联主席罗伊·埃文斯的名字命名，称“埃文斯杯”。

表10-3　第16—30届世界杯乒乓球锦标赛男子单打比赛成绩表

届数	时间	地点	第一名	第二名	第三名
16	1995.10.12～10.15	法国尼姆	孔令辉（中国）	罗斯科普夫（德国）	刘国梁（中国）
17	1996.10.24～12.27	法国尼姆	刘国梁（中国）	瓦尔德内尔（中国）	萨姆索诺夫（白俄罗斯）
18	1997.10.23～12.26	法国尼姆	普里莫拉茨（克罗地亚）	孔令辉（中国）	萨姆索诺夫（白俄罗斯）
19	1998.10.15～12.18	中国汕头	罗斯科普夫（德国）	金择洙（韩国）	普里莫拉茨（克罗地亚）
20	1999.10.28～12.31	中国小榄	萨姆索诺夫（白俄罗斯）	施拉格（奥地利）	普里莫拉茨（克罗地亚）
21	2000.10.12～12.15	中国扬州	马　琳（中国）	金择洙（韩国）	王励勤（中国）
22	2001.11.8～12.11	意大利库马约	萨姆索诺夫（白俄罗斯）	王励勤（中国）	罗斯科普夫（德国）
23	2002.10.31～11.3	中国济南	波　尔（德国）	孔令辉（中国）	普里莫拉茨（克罗地亚）
24	2003.10.9～10.12	中国江阴	马　琳（中国）	格林卡（希腊）	王励勤（中国）
25	2004.10.27～10.31	中国萧山	马　琳（中国）	格林卡（希腊）	王　皓（中国）
26	2005.10.21～10.23	比利时列日	波　尔（德国）	王　皓（中国）	马　琳（中国）
27	2006.10.28～10.30	法国巴黎	马　琳（中国）	王　皓（中国）	萨姆索诺夫（白俄罗斯）
28	2007.10.12～10.14	西班牙巴塞罗那	王　皓（中国）	柳承敏（韩国）	王励勤（中国）
29	2008.9.27～9.29	比利时列日	王　皓（中国）	波　尔（德国）	马　龙（中国）
30	2009.10.16～10.18	俄罗斯莫斯科	萨姆索诺夫（白俄罗斯）	陈　玘（中国）	马　龙（中国）

首届女子世界杯单打比赛，由香港裴乐公司提供赞助，1996年9月在香港伊丽莎白体育馆举行。参赛人数和比赛方法与男子相同。2004年国际乒联出于提高该赛事观赏性、平衡性的考虑，决定首次同时举办男女比赛，希望可以使女子乒乓球比赛得到推广。至今，女子世界杯乒乓球赛已举办过13届。第13届女子单打比赛于2009年10月10日至12日在中国广州举行，刘诗雯在同门之战中以4∶3战胜郭跃，加冕个人首个世界冠军，成为中国乒乓球队历史上第96位世界冠军。

表10-4　第1—13届世界杯乒乓球锦标赛女子单打成绩表

届数	时间	地点	第一名	第二名	第三名
1	1996.9.12～9.30	中国香港	邓亚萍（中国）	杨影（中国）	—
2	1997.9.12～9.14	中国上海	王楠（中国）	李菊（中国）	李春丽（新西兰）
3	1998.11.6～11.8	中国台北	王楠（中国）	李菊（中国）	童飞鸣（中国台北）
4	2000.1.28～1.30	柬埔寨金边	李菊（中国）	王楠（中国）	孙晋（中国）
5	2001.8.17～8.19	中国芜湖	张怡宁（中国）	金英姬（朝鲜）	斯蒂夫（罗马尼亚）
6	2002.8.30～9.1	新加坡	张怡宁（中国）	李楠（中国）	帖雅娜（中国香港）
7	2003.12.17～12.19	中国香港	王楠（中国）	牛剑峰（中国）	张怡宁（中国）
8	2004.10.27～10.31	中国萧山	张怡宁（中国）	王楠（中国）	帖雅娜（中国香港）
9	2005.12.13～12.16	中国广州	张怡宁（中国）	郭焱（中国）	福原爱（日本）
10	2006.9.29～10.1	中国乌鲁木齐	郭焱（中国）	张怡宁（中国）	李佳薇（新加坡）
11	2007.9.28～9.30	中国成都	王楠（中国）	张怡宁（中国）	郭跃（中国）
12	2008.9.6～9.8	马来西亚吉隆坡	李晓霞（中国）	帖雅娜（中国香港）	冯天薇（新加坡）
13	2009.10.10～10.12	中国广州	刘诗雯（中国）	郭跃（中国）	李晓霞（中国）

四、国际乒联职业巡回赛

国际乒联职业巡回赛由国际乒联在不同国家设置若干个分站赛,根据运动员在分站赛上的成绩给予相应的积分,结束所有分站赛后按积分排名,单打前16名,双打前8名的选手就有资格参加年终的总决赛。国际乒联职业巡回赛总决赛是仅次于奥运会、世界锦标赛、世界杯这世界三大赛外的国际乒坛最高水平的比赛。比赛设男子单打、女子单打和男子双打、女子双打四个项目。本赛事创始于1996年,首次比赛由中国乒乓球协会主办,在中国天津举行。至今国际乒联职业巡回赛已举行了13届。

表10-5 历届国际乒联职业巡回赛总决赛冠军表

届数	时间	地点	男单	女单	男双	女双
1	1996年	中国天津	孔令辉(中国)	邓亚萍(中国)	王励勤/阎森(中国)	邓亚萍/杨影(中国)
2	1997年	中国香港	萨姆索诺夫(白俄罗斯)	李菊(中国)	孔令辉/刘国梁(中国)	李菊/王楠(中国)
3	1998年	法国巴黎	王励勤(中国)	王楠(中国)	王励勤/阎森(中国)	李菊/王楠(中国)
4	1999年	澳大利亚悉尼	刘国正(中国)	陈静(中国台北)	孔令辉/马琳(中国)	李菊/王楠(中国)
5	2000年	日本横滨	王励勤(中国)	张怡宁(中国)	王励勤/阎森(中国)	孙晋/杨影(中国)
6	2001年	中国天津	马琳(中国)	王楠(中国)	金择洙/吴尚垠(韩国)	李恩实/柳智惠(韩国)
7	2002年	瑞典斯德哥尔摩	庄智渊(中国台北)	张怡宁(中国)	马琳/孔令辉(中国)	李佳/牛剑锋(中国)
8	2003年	中国广州	王皓(中国)	牛剑锋(中国)	马琳/陈玘(中国)	郭跃/牛剑锋(中国)
9	2004年	中国北京	王励勤(中国)	郭跃(中国)	马琳/陈玘(中国)	王楠/张怡宁(中国)
10	2005年	中国福州	波尔(德国)	张怡宁(中国)	波尔/苏斯(德国)	高军/沈雁飞(美国/西班牙)
11	2006年	中国香港	王皓(中国)	张怡宁(中国)	马琳/陈玘(中国)	王楠/张怡宁(中国)
12	2007年	中国北京	马琳(中国)	李晓霞(中国)	王励勤/陈玘(中国)	李晓霞/郭跃(中国)
13	2008年	中国澳门	马龙(中国)	郭焱(中国)	高宁/杨子(新加坡)	李佳薇/孙蓓蓓(新加坡)

五、世界青年乒乓球锦标赛

世界青年锦标赛为国际乒联代表大会指定锦标赛设立项目并委托某协会承办的比赛。首届比赛于2003年12月14日至21日在智利举行。锦标赛包括青年男女团体、青年男子单双打、青年女子单双打和混合双打比赛。双打比赛的配对必须来自同一协会，混合双打除外。团体和单项比赛包括分组和分年龄段的比赛方式。一个协会所指定的有资格参加青年男子团体和女子团体比赛的运动员，人数均不得超过2名，所有协会指定的参赛选手必须有代表该协会的资格，参加青年、少年和儿童比赛的运动员必须在该比赛举行的前一年12月31日前分别不满21岁、18岁和15岁。

表10-6 历届世界青年乒乓球锦标赛成绩表

届数	时间	地点	男团	女团	男单	女单	男双	女双	混双
1	2003 12.14~12.21	智 利 圣地亚哥	中国	中国	李 虎 (中国)	李 茜 (中国)	岸川圣也 水谷隼 (日本)	李晓霞 李 茜 (中国)	张长弓 李晓霞 (中国)
2	2004 11.29~12.05	日 本 神 户	中国	中国	马 龙 (中国)	常晨晨 (中国)	岸川圣也 水谷隼 (日本)	刘诗雯 常晨晨 (中国)	刘诗雯 周 斌 (中国)
3	2005 12.10~12.17	奥地利 林 茨	日本	中国	鲍 姆 (德国)	丁 宁 (中国)	江宏杰 黄盛圣 (中国)	丁 宁 彭 雪 (中国)	姜炯熏 沈熙岚 (中国)
4	2006 12.10~12.17	埃 及 开 罗	中国	中国	松平健太 (日本)	冯亚兰 (中国)	姜海洋 吴 灏 (中国)	木 子 文 佳 (中国)	徐 克 木 子 (中国)
5	2008 12.6~12.13	西班牙 马德里	中国	中国	陈建安 (中国 台北)	曹丽思 (中国)	阎 安 宋鸿远 (中国)	曹丽思 王大琴 (中国)	宋鸿远 曹丽思 (中国)

第三节 洲际重要赛事

一、亚洲乒乓球锦标赛

亚洲乒乓球锦标赛是亚洲乒联主办的最高水平的赛事之一。

它起始于1972年,每两年举行一届,到目前为止共举办了17届。该赛事设有7个正式比赛项目。中国队曾经包揽了第五至八届及第12届全部项目的冠军,亚洲强队韩国、日本、中国香港队虽在比赛中取得过一些成绩,但在总体上还是中国队占绝对优势。在第17届亚乒赛上,中国女队在半决赛中以2∶3不敌东道主韩国队,尝到了自1990年亚锦赛以来最惨痛的失利。另外,女子亚洲杯赛在停办了几年后,于2003年12月6日在日本北九洲恢复举行。

表10-7 第12—18届亚洲乒乓球锦标赛冠军表

届数	时间	地点	男团	女团	男单	女单	男双	女双	混双
12	1994 9.20~9.27	中国 天津	中国	中国	孔令辉 (中国)	邓亚萍 (中国)	刘国梁 林志刚 (中国)	刘　伟 乔云萍 (中国)	孔令辉 邓亚萍 (中国)
13	1996 12.4~12.10	新加坡	韩国	中国	孔令辉 (中国)	小山智利 (日本)	孔令辉 刘国梁 (中国)	李　菊 王　楠 (中国)	马　琳 邬　娜 (中国)
14	1998 9.28~10.4	日本 大阪	中国	中国	王励勤 (中国)	李　菊 (中国)	马　琳 刘国梁 (中国)	柳智慧 李恩实 (韩国)	王励勤 王　楠 (中国)
15	2000 5.3~5.7	卡塔尔 多哈	中国	中国	蒋澎龙 (中国台北)	林　菱 (中国)	蒋澎龙 张雁书 (中国)	李恩实 石恩美 (韩国)	阎　森 杨　影 (中国)
16	2003 2.23~3.1	泰国 曼谷	中国	中国	王　皓 (中国)	牛剑峰 (中国)	李　静 高礼泽 (中国香港)	李　楠 郭　焱 (中国)	刘国正 李　楠 (中国)
17	2005 8.27~9.2	韩国 济州岛	中国	中国 香港	王励勤 (中国)	林　菱 (中国香港)	李　静 高礼泽 (中国香港)	郭　焱 刘诗雯 (中国)	王励勤 郭　跃 (中国)
18	2007 9.17~9.23	中国 扬州	中国	中国	王　皓 (中国)	张怡宁 (中国)	郝　帅 马　龙 (中国)	郭　跃 李晓霞 (中国)	吴尚垠 郭芳芳 (韩国)

二、亚运会乒乓球比赛

在第三届亚运会上，乒乓球被列为正式比赛项目。中国代表团于1974年9月首次参加第七届亚运会，中国乒乓球队以6枚金牌的成绩取代了日本队的霸主地位；在第八届曼谷亚运会上，中国选手囊括全部冠军；第九届新德里亚运会上，中国队再次夺得6枚金牌，我国以61枚金牌在总数上首次超过日本队（57枚）。在第13届亚运会上，我国选手又获得6枚金牌。28岁的韩国运动员金择洙在半决赛中以3∶0战胜刘国梁获得男单冠军。在第14届亚运会上，朝鲜女队出奇制胜，打败中国队荣登冠军宝座，爆了一大冷门。

表10-8　第10—15届亚运会乒乓球比赛冠军表

届数	时间	地点	男团	女团	男单	女单	男双	女双	混双
10	1986 9.20~10.5	汉城	韩国	韩国	刘南奎 （韩国）	焦志敏 （中国）	滕　义 惠　均 （中国）	戴丽丽 耿丽娟 （中国）	滕　义 戴丽丽 （中国）
11	1990 9.24~10.1	北京	韩国	中国	马文革 （中国）	邓亚萍 （中国）	马文革 陈志斌 （中国）	玄静和 洪次玉 （韩国）	韦晴光 邓亚萍 （中国）
12	1994 10.5~10.14	广岛	中国	中国	王　涛 （中国）	小山智利 （日本）	李哲承 秋教成 （韩国）	刘　伟 乔云萍 （中国）	孔令辉 邓亚萍 （中国）
13	1998 12.6~12.20	曼谷	中国	中国	金择洙 （韩国）	王　楠 （中国）	孔令辉 刘国梁 （中国）	李　菊 王　楠 （中国）	王励勤 王　楠 （中国）
14	2002 9.29~10.14	釜山	中国	朝鲜	王励勤 （中国）	张怡宁 （中国）	李哲承 柳承敏 （韩国）	李恩实 石恩美 （中国）	张　钰 帖雅娜 （中国）
15	2006 11.30~12.7	多哈	中国	中国	王　皓 （中国）	郭　跃 （中国）	李　静 高礼泽 （香港）	郭　跃 李晓霞 （中国）	马　琳 王　楠 （中国）

三、欧洲锦标赛

欧洲锦标赛始于1958年,到2005年已举行过25届。欧锦赛促进了欧洲男子乒乓球水平的整体提高,瑞典、德国、法国、比利时等国家一度成为中国队的劲敌,也为欧亚对抗的形成起到了极大的作用。他们以赛带练的方法造就了一批世界优秀运动员。我国"海外兵团"战士的"插队",也在一定程度上提高了欧锦赛的竞技水平。

近几年来,欧锦赛女子单打几乎是中国人的天下,中国运动员施捷、何千红、倪夏莲、谭文玲、刘佳、李嫱冰、李娇等分别代表不同的国家参赛,都取得了不俗的成绩。

第四节　国内重要赛事

一、全国乒乓球锦标赛

1952年10月,北京举行了由六大行政区和全国铁路系统体协共62名运动员参加的第一届全国乒乓球锦标赛。从1956年起,每年举行一次,到1966年因文化大革命而中止。1972年恢复比赛,同时每年还举行一次分区赛。全国乒乓球锦标赛已列入中国乒协电脑排名积分的A级赛事,参赛单位新增加了大学生乒协、上海港务局及保定、汕头等省属市。所有参加团体赛的队均可参加两个阶段的所有比赛,排出全部名次。5个单项采用淘汰制。从2000年开始,全国锦标赛改成20岁以下选手参加的青年比赛。

表 10-9 1995—2008 年全国乒乓球锦标赛冠军表

时间	地点	男团	女团	男单	女单	男双	女双	混双
1995 9.13～9.20	湖北 武汉	解放军	江苏一队	丁　松 (上海)	邓亚萍 (河南)	王　涛(解放军) 张　蕾(北京)	邓亚萍(河南) 乔　红(湖北)	王　涛(解放军) 刘　伟(山东)
1996 9.13～9.21	上海 嘉定	广东	江苏	张　勇 (江苏)	王　辉 (黑龙江)	孔令辉(黑龙江) 王　辉(黑龙江)	朱　芳(北京) 曹冬梅(北京)	熊　柯(北京) 王　晨(北京)
1998 9.17～9.24	江西 宜春	汕头	江苏一队	孔令辉 (黑龙江)	李　菊 (江苏)	冯　哲(上海) 张　勇(江苏)	李　菊(江苏) 王　楠(辽宁)	马　琳(汕头) 孙　晋(江苏)
1999 9.9～9.16	安徽 合肥	上海 圣雪绒队	北京 大洋药业	马　琳 (汕头)	王　楠 (辽宁)	马　琳(汕头) 秦志戬(江苏)	王　楠(辽宁) 李　菊(江苏)	刘国正(汕头) 李　楠(天津)
2000 3.11～3.18	河北 正定	辽宁一队	河北 保定一队	侯英超 (北京)	白　杨 (河北)	谭瑞午(汕头) 单明杰(江苏)	李　佳(辽宁) 姜华君(青岛)	——
2002 10.7～10.14	山东 日照	江苏一队	辽宁一队	唐　鹏 (北京)	李晓霞 (山东)	秦志戬(江苏) 詹　健(湖北)	郭　跃(辽宁) 李晓霞(山东)	詹　健(湖北) 白　杨(河北)
2003 9.25～10.2	江苏 镇江	广东汕头	北京	王　皓 (八一)	张怡宁 (北京)	孔令辉(黑龙江) 王　皓(八一)	张怡宁(北京) 王　楠(辽宁)	马　琳(汕头) 王　楠(辽宁)
2004 10.2～10.9	江苏 无锡	江苏	北京	王励勤 (上海)	郭　焱 (北京)	曾　佳(湖北) 余世钦(湖北)	陈　晴(江苏) 张晓武(江苏)	徐　辉(辽宁) 郭　跃(辽宁)
2006 10.4～10.11	江苏 无锡	解放军	辽宁	马　琳 (汕头)	彭陆洋 (山东)	马　琳(汕头) 陈　玘(江苏)	刘诗雯(广东) 丁　宁(四川)	马　琳(汕头) 王　楠(辽宁)
2007 11.21～11.28	江苏 无锡	解放军	辽宁	王　皓 (解放军)	刘诗雯 (广东)	王励勤(上海) 马　琳(广东)	郭　跃(辽宁) 李晓霞(山东)	郝　帅(四川) 刘诗雯(广东)
2008 11.21～11.24	江苏 张家港	解放军	北京	张继科 (解放军)	文　佳 (解放军)	王励勤(上海) 许　昕(上海)	郭　焱(北京) 丁　宁(北京)	陈　玘(江苏) 陈　晴(江苏)

二、全运会乒乓球比赛

1959 年 9 月在北京举行的第一届全运会上，乒乓球就被列为竞赛项目。比赛设 7 个项目，分预赛和决赛两个阶段进行。全运会是全国范围内规模最大的综合性运动会，其中的乒乓球比赛一直被认为是世界上水平最高的比赛之一，无论是竞赛的激烈程度还是竞技水平，均不亚于世界乒乓球三大赛事。各省、市、自治区和解放军都以本队所获金牌总数来衡量本地区或系统体育水平的高低，因此在比赛的准备和正式比赛中投入了大量的人力和财力，比赛激烈，精彩纷呈。在历届比赛中，男女团体实力最强的是解放军队、上海队和北京队。解放军男队在第四、五、六届中夺魁，保持着唯一的"三连冠"记录，其他项目的冠军几乎每届易主，冠军来自不同的省市代表队,大部分冠军获得者都入选了国家队。第七届全运会乒乓球比赛,有26名“海外兵团”选手从海外归来,代表各单位参赛;首次设立集体、个人、裁判员体育道德风尚奖。第十届全运会乒乓球比赛于2005年10月在江苏无锡市举行,东道主江苏男队首次获得男团冠军。前几届全运会乒乓球赛均与当年的全国乒乓球锦标赛结合进行。

表10-10 历届全运会乒乓球比赛冠军表

届数	时间	地点	男团	女团	男单	女单	男双	女双	混双
1	1959 9.13~10.13	北京	北京	上海	王传耀 (北京)	胡志 (广东)	姜永宁 庄家富 (北京)	邱钟惠 叶佩琼 (北京)	庄则栋 邱钟惠 (北京)
2	1965 9.11~9.28	北京	上海	上海	庄则栋 (北京)	林慧卿 (上海)	李富荣 徐寅生 (上海)	梁丽珍 黄玉环 (广东)	陆巨芳 梁丽珍 (广东)
3	1975 9.12~9.28	北京	辽宁	北京	王文莱 (河北)	阎桂丽 (北京)	梁戈亮 李卓敏 (广西)	李　明 刘新艳 (辽宁)	李　鹏 李　明 (辽宁)
4	1979 9.15~9.30	北京	解放军	天津	王会元 (辽宁)	齐宝香 (河北)	廖福民 黄坚果 (湖南)	沈剑平 戴丽丽 (解放军)	王会元 刘新艳 (辽宁)
5	1983 9.18~10.1	上海	解放军	上海	惠　钧 (江苏)	焦志敏 (黑龙江)	江嘉良 黄文冠 (广东)	沈剑平 戴丽丽 (解放军)	滕　义 赵小云 (北京)
6	1987 11.20~12.5	广东 佛山	解放军	山东	王　涛 (解放军)	焦志敏 (黑龙江)	陈龙灿 成应华 (四川)	耿丽娟 李惠芬 (河北)	王振义 刘　伟 (山东)
7	1993 9.4~15	北京	北京	河北	吕　林 (浙江)	邓亚萍 (河南)	王　涛 刘国梁 (解放军)	李　菊 邬　娜 (江苏)	王振义 乔云萍 (山东)
8	1997 10.12~10.24	上海 嘉定	广东	江苏	王　涛 (解放军)	邓亚萍 (河南)	刘国梁 王　涛 (解放军)	邓亚萍 张　辉 (河南)	秦志戬 杨　影 (江苏)
9	2001 11.11~11.25	广东 汕头	解放军	北京	马　琳 (广东)	王　楠 (辽宁)	马　琳 刘国正 (广东)	张　瑞 王　楠 (辽宁)	秦志戬 杨　影 (江苏)
10	2005 10.12~10.23	江苏 无锡	江苏	北京	王励勤 (上海)	张怡宁 (北京)	王励勤 刘　杉 (上海)	李晓霞 彭陆洋 (山东)	徐　辉 郭　跃 (辽宁)
11	2009 9.28—10.5	山东 青岛	解放军	北京	王　皓 (解放军)	张怡宁 (北京)	王励勤 许　昕 (上海)	郭　跃 侯晓旭 (辽宁)	王　皓 文　佳 (解放军)

三、全国乒乓球俱乐部超级联赛

全国乒乓球俱乐部比赛始于1995年。前三届都在广东省境内举行。从1998年正式启动主客场的俱乐部赛制，在1997年度的比赛中获得男女团体前6名的队才有资格参加主客场的比赛。俱乐部赛制促进了国内乒乓球运动员的交流，首届比赛中由湖北乔红和山东刘伟组成的北京远华队获得女子团体冠军。同时，改写了以前只有中国运动员"援外"的记录，韩国三星公司职员兼运动员李恩实，来中国代表天津三星队参加中国乒乓球俱乐部比赛。全国乒乓球俱乐部超级联赛始于1999年，至今已举办了5个赛季，首届比赛由男女各8个俱乐部参加。从2000年赛季开始，扩充到男女各12支球队。比赛采用团体赛主客场制，赛季末后4名降级，由该赛季甲A的前4名升入超级联赛。在2005年赛季中，共有117名中外优秀运动员报名参加，几乎包括了所有的现役国手、全部世界冠军和国际乒乓球联合会最新发布的世界排名前50名中的中国乒协选手，以及十多位来自其他协会的优秀选手。赛场分布在北京、上海、天津、浙江、江苏等全国共18个省、直辖市和解放军、大学生单位进行。无论从参赛选手的水平还是从参赛单位的规模来说，均构成真正意义上的世界最高水平的超级联赛。同时，中国乒超仿效美国NBA海外比赛运作模式，将辽宁本钢的主场搬到了日本冈山县（由王楠、郭跃和日本美少女福原爱组成的辽宁队以3：0完胜客队河南日报队）。中国乒超自1999年创办以来，第一次在境外亮相，开创了我国各个职业运动联赛的先河，迈出了与国际接轨的重要一步。

表 10-11　历届全国乒乓球俱乐部超级联赛成绩表

时　间	名　次	男　团	女　团
1999 年赛季	第 1 名	八一工商银行	辽宁本钢腾达
	第 2 名	黑龙江蓝盾运输	江苏无锡山禾
	第 3 名	上海圣雪绒	山西晋园
2000—2001 年赛季	第 1 名	八一工商银行	河北六通
	第 2 名	上海圣雪绒	辽宁本钢腾达
	第 3 名	山东鲁能	天津三星生命
2001 年赛季	第 1 名	黑龙江三精药业	天津三星生命
	第 2 名	八一工商银行	北京彼埃蒙特
	第 3 名	山东鲁能 上海圣雪绒	河北六通 辽宁本钢腾达
2002 年赛季	第 1 名	山东鲁能	河北六通
	第 2 名	广州全球通	北京横店草业
	第 3 名	黑龙江三精明星	辽宁本钢腾达
2003 ~2004 年赛季	第 1 名	广州全球通	北京御意
	第 2 名	山东鲁能	辽宁本钢腾达
	第 3 名	陕西银河国梁	江苏无锡山禾
2005 年赛季	第 1 名	陕西银河国梁	山东鲁能
	第 2 名	山东鲁能	广东亿华
	第 3 名	北京首旅	北京大洋佼佼
2006 年赛季	第 1 名	陕西银河俱乐部	北京首创
	第 2 名	八一工商银行	山东鲁能
	第 3 名	山东鲁能	北京北大方正

续表

时　　间	名　次	男　团	女　团
2007 年赛季	第 1 名	宁波北仑海天	北京首创
	第 2 名	浙商银行	辽宁鞍钢
	第 3 名	四川全兴	广东深圳长园新村
2008 年赛季	第 1 名	上海冠生园	山东鲁能
	第 2 名	浙商银行	辽宁鞍钢
	第 3 名	宁波北仑海天	山西大土河　华东理工
2009 年赛季	第 1 名	宁波北仑海天	北京时博国际
	第 2 名	浙商银行	山东鲁能·潞安集团
	第 3 名	上海明园·金海洋集团	广东珠江怡景湾

第五节　男 子 强 队

一、中国队

中国队经过十几年的奋斗，已经在国际乒坛奠定了自己的霸主地位。自从在第 26 届世界乒乓球锦标赛上中国男队首次捧得男子团体奖杯，至今已经 15 次问鼎斯韦思林杯，高居榜首。现在中国队的优势在于队中的人员结构非常合理，且每个人的打法各不相同，技术上各有特长。队中既有孔令辉、刘国正等经验丰富的老将，也有王励勤、马琳等中生代的领军人物，还有像王皓、陈玘、郝帅、丘贻可、马龙等一批新秀。当今的中国队既保持了传统的前三板好的特点，又在相持球以及力量、体能等方面较过去有了长足的进步，在与欧洲运动员的对抗中已经有了一定的优势。队中每个人都有自己鲜明的特点,在团体作战时给外国选手的适应造成了很大的难度。

二、瑞典队

瑞典队是一支老牌的世界强队,曾是第40—42届世乒赛团体赛的三连冠队,并在第45届世乒赛中从中国队手中夺回了失去两年的斯韦思林杯。但随着乒坛传奇人物瓦尔德内尔以及卡尔松、佩尔森等老将状态的日趋下滑,瑞典队出现了后继无人的状况,实力大不如前,但仍是一支不可小视的队伍。

三、德国队

德国队是近几年涌现出来的一支强队。在2004年举行的世乒赛团体赛中,德国队一路过关斩将,闯入决赛,在最后的决赛中负于中国队,屈居亚军。队中最为突出的就是被认为是瓦尔德内尔接班人的波尔,他打法凶狠,心理素质好,反手相持能力强,在国际乒联公布的世界排名中一度超越中国选手登上第一的宝座,是近几年中国男单最主要的对手之一。队中还有号称"世界第一反手"的罗斯科普夫以及苏斯、斯特格、波姆、迪来特里等新秀。此外,欧洲整体水平较高,又有大量外国高水平的球员进入德国联赛打球,这些都非常有助于该队水平的不断提高。

四、韩国队

韩国队在第46届和第47届世界乒乓球锦标赛中均取得了第三名的好成绩,其中第46届世乒赛与中国队的半决赛中,金择洙在拥有7个赛点的情况下输于刘国正,痛失夺取冠军的最好机会。在第48届世乒赛团体赛中,韩国队第一次杀进团体决赛。该队拥有雅典奥运冠军柳承敏、第47届世乒赛亚军朱世赫以及吴尚垠、李廷佑4名世界级选手，他们的世界排名均在50强之列。该队在打法配置上朝着多样性、合理性的方向发展，在坚守直拍反胶单面拉的同时，更加强化正手弧圈球的凶狠性和全台步法的重要性，并日益和世界乒坛的打法潮流接轨。韩国队作风顽强，在大赛上常会有超水平的发挥，是中国队不可掉以轻心的一支劲旅。

第六节　女子强队

一、中国队

与中国男队的激烈竞争相比，中国女队可谓是一枝独秀。如今中国队拥有张怡宁，牛剑峰等世界一流选手，以及郭跃、郭焱、曹臻、范瑛等一大批新秀。尽管“海外兵团”给中国队带来了巨大的冲击，但由于中国队的整体实力较强，故仍一直处于领先地位。自20世纪70年代以来，从1975年第33届世乒赛到2006年第48届世乒赛，中国队囊括了除第41届以外的所有世乒赛女子团体项目的冠军，第41届负于了由韩国和朝鲜组成的朝鲜联队。从1979年至2006年的15届世乒赛中，中国女队在单打上获得14个冠军，唯一的一次丢杯是在第42届上被韩国的玄静和捧走。现中国队队员多为横握球拍打法，她们久经沙场，经验丰富，作风顽强，技术过硬。该队在注意继延长老队员运动寿命的同时，正在加紧培养后备力量。

二、韩国队

多年来，韩国队一直是国际乒坛上的一流强队。该队训练有素，实力雄厚，曾培养出了梁英子、玄静和等世界级的球星。一批老队员退役后，韩国队开始大力培养新人，金茂校、朴晶爱、金景娥等开始活跃于国际乒坛。

韩国队队员无论横拍还是直拍，都仍然坚持以快攻为主的打法，步法快，抢攻意识强，正手攻球命中率高，连续进攻能力强，攻球力量大，往往给对手造成很大的威胁。此外，韩国队的双打也具有很高的水平。她们在比赛中表现出来的斗志和顽强的作风尤其给人留下了深刻的印象。韩国队在经济上得到了本国一些财团的支持，这为她们水平的提高创造了良好的条件。

三、中国香港队

近年来，香港队招纳了一些大陆球员，加上国际大赛的锻炼，已是一支最有竞争实力、队员配备最合理、打法最齐全的队伍。香港乒坛在经历了数十年的平淡后终于爆发，在 2004 年多哈世乒赛女团比赛中冲破韩国和日本的包围，与中国队会师决赛，获得亚军，创造了历史性的成绩。该队的林菱、帖雅娜战绩不俗，辅以张瑞、柳絮飞，整体实力仅逊于中国队。在第 17 届亚锦赛上，香港女队更是发挥出色，击败中国队获得女团冠军，林菱还获得了女单冠军。第 48 届世乒赛团体赛中，中国香港队再次打进了决赛。

四、朝鲜队

朝鲜队曾在第 41 届世乒赛上与韩国队携手组成朝鲜联队，战胜中国队获得冠军。朝鲜队是第 42 届世乒赛女团亚军。在第 14 届亚运会比赛中，朝鲜队力克中国女队荣登冠军领奖台。但自雅典奥运会后就很少在世界大赛上露面，再次蒙上神秘的色彩。由于原主力金英姬走进了婚姻的殿堂，怪板选手金云美近几年的战绩不佳，已退出国家队主力阵容，所以目前的朝鲜女队是由雅典奥运会女单银牌得主金香美带着一批新秀在打,其中有横拍两面生胶的张贤爱,直板正胶的廉元玉、金美泳和韩惠成,但从2004、2005年度的比赛成绩看,还没有达到前国家队主力的水平。

五、新加坡队

近年来,新加坡女队一直处于上升趋势。李佳薇在2005年底的国际乒联职业巡回赛总决赛上获得女单亚军。山东鲁能俱乐部孙蓓蓓、八一队王越古和前北京队张雪玲的加盟,在一定程度上缓解了靠李佳薇一人打天下的压力。尤其是孙蓓蓓、王越古和李佳薇、张雪玲的女双配对秉承了中国队的打法特点,实力平均,处理球细腻,攻防速度快,从目前的战绩看,她们已经明显对中国女队构成了威胁。

主要参考文献

1. 国家体育总局研究课题组. 乒乓球长盛的训练学探索. 北京: 北京体育大学出版社,2002.

2. 乒乓世界(1980—2006 年). 中国体育报业总社.

3. 乒乓球(体育学院通用教材). 北京: 人民体育出版社,1995.

4. 苏杰仁. 乒乓球教学与训练. 北京: 人民体育出版社,1995.

5. 岑淮光等. 怎样打好乒乓球. 北京: 人民体育出版社,2001.

6. 张良西,韩志忠. 发球与接发球. 北京: 人民体育出版社,2003.

7. 李浩松. 双打. 北京: 人民体育出版社,2001.

8. 张惠卿,苏坎. 乒乓球. 北京: 人民体育出版社,2000.

9. 韩志忠、周建军. 乒乓球理论与实践探索. 昆明: 云南大学出版社,1995.

10. 王吉生. 乒乓球拍探秘. 北京: 人民体育出版社,2005.

11. 中国乒乓球协会编译. 乒乓球竞赛规则(2006 年). 北京: 人民体育出版社,2006.

12. 孙麒麟等. 中国裁判员学习手册. 第 48 届世界乒乓球锦标赛竞赛部,2005.